拳击运动
入门教程
（图解版）

［日］野木丈司　著
姜先钧　译

人民邮电出版社
北京

1.具志坚用高，日本连续夺得世界冠军次数最多的（14次）纪录保持者。左势拳风，擅长右直拳。右手出拳的同时左臂防守密不透风。

2.促使笔者立志成为拳击手的一场比赛，对战双方为大场政夫和察蔡·赤诺，大场的右直拳和左踢腿配合效果非常好。

3.别称"不可接触者"的防守天才川岛郭志（右），他在打出右勾拳时，左半身并不会留出空当，而是如铁壁一般坚不可摧。

1		4	
2	3	5	6

4. 笔者指导的选手内藤大助。他的姿势乍一看并不规范，但这是在基本防守原理的基础上使了小心思的不规则打法。

5. 被很多人称为"有史以来最精彩的日本选手对决"的一场比赛，对战双方为辰吉丈一郎（左）和药师寺保荣。赛前预测时，由于此前战绩优异，辰吉的呼声极高，但是药师寺凭借着精准稳健的刺拳获得了主动权，最终在裁判员裁定时获胜。

6. 笔者指导的综合格斗家所英男。即使在以 UFC 为首的综合格斗赛中，拳击技术也是必须要掌握的。

姿勢：上半身

姿勢：下半身

左直拳（刺拳）

右直拳

其实······

上页的照片，

除了一张
其他姿势全是
错误的。

那么，这些照片上的姿势到底错在哪里呢？

······想知道的话，可以先阅读本书第023、025、038、046、139页！

目 录

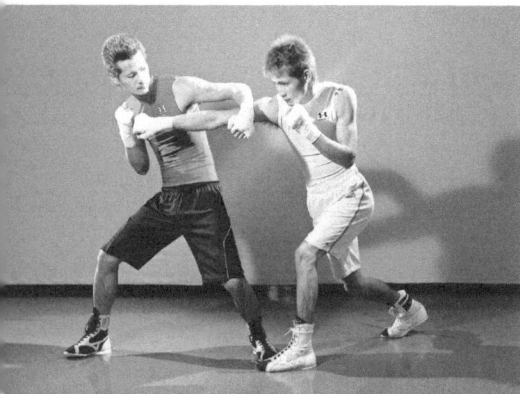

注意:本书所说的"正确""错误"是"笔者认为的正确"和"笔者不推荐的做法",并非否定常规的训练方法或各位教练、选手的训练方法。此外,如若您在使用本书所述的技术、练习方法进行训练时不慎受伤或发生事故,本书作者及编辑部无须承担任何责任。另外,未特别注明的情况下,本书解说时的站立姿势皆为常规姿势(左脚在前)。

前 言

天资是与生俱来的。

但是一个人不管天资如何优越，不经过磨砺就不可能发出耀眼的光芒。

天资禀赋强势的人若想完全发挥出自己的实力，更需要磨砺。也就是说，他们要经受常人无法忍受的考验，只有这样才显得公平。

我相信才能是可以通过后天培养形成的。只要你专注于做一件事并且拥有坚定的信念，日复一日地坚持，终有一天会产生质的变化。归根结底，大概只有"努力，努力，再努力"才是通向成功的唯一道路。只是，努力也有对错之分，同样的拼命努力，如果方向错了，那么结果就会大相径庭。所以至关重要的是，选取一种能取得更大成果的努力方法。

教练担负着指导选手的重大责任，更要时常思考下面这个问题。现在"第一"必须去做的是什么？正确地判断出这个"第一"要事并立即贯彻执行，这应该是教练最需要做的事了。可现实往往却是，他们舍本逐末，执着于离这个"第一"十万八千里的"第几、第十几、第几百"。教练之间的较量，激烈程度丝毫不亚于选手之间的比拼。要是教练有所懈怠，马上就会被选手识破。这样说来，教练和选手之间实际上是竞争对手的关系。

本书的撰写宗旨是写一本与众不同的拳击入门书。书中总结了我认为教练们应该传授给选手的技术和练习方法。

在本书撰写过程中得到了我的上级——敬爱的具志坚用高会长（白井·具志坚运动俱乐部）的大力支持，特此感谢！当然也要感谢同我一路走来，以及未来也要并肩作战的选手们。

野木丈司

先把打击力量增强两三倍吧!

Chapter 01 打击力量的定义

在拳击、格斗技术中对于打击力量的解释常常是含糊笼统的，
它一直被简单地认作可用数字表示的数值或者体感威力的打击力量。
那么，它原本的定义究竟是什么呢？
就让我们从拳击的角度来给打击力量下一个定义吧！

在拳击这项比赛中必不可少的击拳是什么呢？那就是在 10 秒内打出能让对手躺倒的拳头。从极端角度来讲，如果能打出这样的一拳，就算不再猛烈出击也稳赢了。在 10 秒内击倒对手的一拳，主要指在对手准备防守前就击中他。任何选手在察觉你的出拳意图后都会绷紧颈部肌肉，并做出一些防守，而在这样的状态下想要 KO（击倒）他就很困难了。相反，在他反应过来做出防守前就出击的话，一击 KO 是可能的。在 KO 对手的一击中（裁判员数到 "10" 对手仍未站起），这样 "乘虚而入" 型的击拳极为常见。如果能在适当的时机以极快的速度朝着对手的要害击出一拳，那么有没有打击力量其实无所谓。

但这是极其理想化的假设，一般情况下很难做到以完美的时机和速度 "乘虚而入" 击拳。这样的话就像打沙袋一样，拳头力量的大小变得很重要。我们假设存在两种击拳，一种确实有破坏力，另一种像轻轻地弹了一下沙袋一样软绵绵的。在比赛中，如果打出了第一种那样强有力的拳头，即使被对手防住，也能让他对你的拳头保持警觉性。如果让对手有了这种想法，那么就算你不加防御地出拳，只是做假动作，对手通常也会反应过度，被你的假动作误导。

相反，如果你只能打出软绵绵的拳头，对手就极有可能放弃防守并加强进攻，伺机打出组合拳。从这个方面来讲，如果你能打出强有力的

卡洛斯·扎拉特（左）　照片提供：美联社/AFURO

　　拳头，就能顺利地主导比赛。也可以说，重拳的厉害之处并不在于能否打倒对手，而是在于能影响比赛的进程。

　　曾有一位墨西哥籍世界冠军，叫作卡洛斯·扎拉特。鼎盛时期的他创造了在 54 战中 54 胜 53KO 这样的在蝇量级比赛中令人瞠目的 KO 率，被称为拳击最轻量级史上最强王者之一。但扎拉特本人曾说道："我没有打击力量，尽管如此，我只要对准对手的要害打，就能 KO 他。所以完全打不出重拳也是能 KO 对手的。"

　　这也正是穆罕默德·阿里和乔治·福尔曼的不同之处。

肯·诺顿（左）VS 乔治·福尔曼　照片提供：美联社/AFURO

　　福尔曼是有史以来的重量级拳手中数一数二的重拳型选手，但阿里的打击力量，却被认为是重量级拳手中中等甚至偏下的。可是对比分析两人的比赛结果后我发现，阿里在裁判数到"10"后 KO 对手的比赛较多，而福尔曼则是因连续三次击倒对手或连续击打被裁判叫停的情况更多。也就是说，就算福尔曼打出了破坏性巨大的拳头，对手因为做了防守，被打倒后也能在 10 秒内站起来。相反，阿里擅长出其不意，在对手毫无防御准备的情况下直击其要害，因此能打得对手丧失意识。

　　另外，人类的潜能是不可思议的，如果一直受到重拳打击，可能会对此形成习惯。突然受到强力打击时，你会惊慌失措，反应不过来以致来不及防守，但就在被击中的那一刻，你能感受到这拳头的力道，身体肌肉会适时地紧张起来，或者做出应急防守。

所以如果只是采用一直打重拳这样呆板的打法，是很难击倒对手的。故意在强拳中夹杂弱拳，才能打乱对手的防守节奏，给对手有效的一击。而且强拳不只体现在数量上，必须打出让对手的身体感觉到你很强的拳头。

因此，拳头的力量不是百分之百与 KO 相关联的。级别不同暂且不说，在等级较高的同级别比赛中，只要没有特殊情况，只靠打击力量就 KO 对手的情况是不存在的。有了打击力量，再加上出拳次数、战术等要素，才有可能 KO 对手。

肯·诺顿（左）VS 穆罕默德·阿里　照片提供：美联社/AFURO

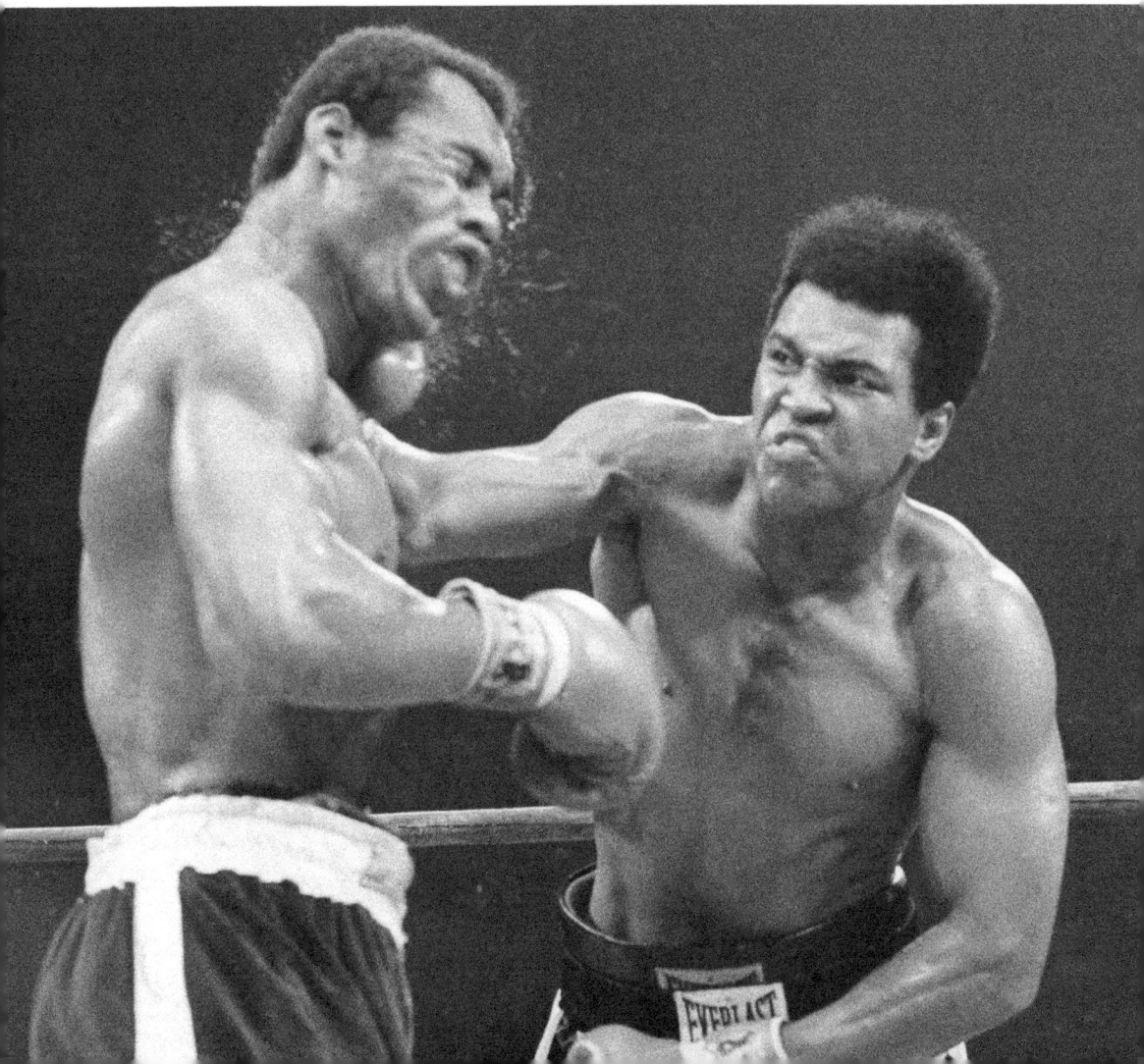

02 打击力量的原理

在前文中我们定义了打击力量，
接下来，将说明的是产生打击力量的原理。
为此，我们首先来思考一下打击力量是如何产生差异的吧。

　　拳击界常会说这样一句话"打击力量有就是有，没有就是没有"。
确实有些人就算没有拳击经验，却在一开始就具有巨大的打击力量。这
类人的肌肉爆发力天生就是超强的，其中的原理却很难完全地解释清楚。

　　相反，某些选手没有打击力量，这其中的原理倒是能准确地说明。
没有打击力量的选手通常被称作"失力天才"。如果所有使出的力量都
能集中到拳头上，那么打击力量一定不会弱，然而这类选手却出力分散，
力量无法集中。也就是说，在他们出拳的过程中，力量一直是分散在手
腕、肩部、肘部、腰部和脚腕各个部位的。与之相对的是，有打击力量
的选手则几乎不存在这样的力量分散情况。

　　一眼看上去身材魁梧、肌肉发达的选手也可能没有打击力量，反过
来，看上去肌肉甚少、轮廓不明显的选手打击力量也可能很大。究其原因，正是他们出拳时力量的分散程度不同。

迈克·泰森（右），擅长打出左腹部重拳来猛击对手的腹部侧方，使其着重防守下方，然后再打出左上勾拳直击对手的面部，一招制敌。就算没有泰森这样天生的身体条件，也有打出强拳的方法。

是像直射的激光那样集中地照射在目标上，还是像手电筒发出的光一样，分散地照亮目标周围呢？利用这两种意象来对比的话，应该就好理解了。

理解了这个原理之后再弥补不足之处，就有可能提高打击力量。虽然每个人先天肌力所具有的速度等素质存在差异，不可能所有人都打出迈克·泰森那样的拳头，但是，即使是被认为没有打击力量的选手，也能打出强拳。那到底应该怎么做呢？接下来，我将对此展开说明。

PART 1

Chapter 03 增强打击力量的关键

打击力量不是全凭先天决定的，
通过练习来增强打击力量并非不可能！
如果坚定增强打击力量的意识并不断地练习，
你的打击力量就能有质的飞跃。

如何才能打出聚集全部力量的一拳？没有打击力量的选手又如何打出强拳呢？这里面关系到姿势、细节等各种问题，但我认为，问题的根本应该是"意识"。

拳击是捶打对手或者拳击手套的一种行为，当我们用拳头捶打了什么东西后，自己的身体也会受到冲击。不让这股冲击力逃离自己的身体，将出拳的力量控制在自己身体的范围之内，才能形成有效的击打输出。没有打击力量的选手会不受自己的意识的控制，本能地做出防御，这样自己受到的那股冲击力就会在不知不觉间逃离身体。也就是说，没有打击力量的选手，不是打不出强拳，而是在无意间调节了拳头的力道。

这也就是说，增强打击力量的练习，等同于发现并修补这些冲击力逃出的缺口和"漏水的地方"。你首先应该意识到的不应是锻炼肌体来提升素质，而是仔细排查并改正不足之处，这才是增强打击力量的首要前提。

要做到这一点需要周密准确的指导，另外你的意识也必不可少。只是单纯地想着要变强，然后不断地练习，或许也有可能练出强拳，但是这样做的效率实在太低了。我认为在练习对打时，教练员应该对选手的姿势细节和握拳的正确时机进行指导，如果没有这种指导，选手就只有按照自己擅长的方式打了。

找出身体上冲击力外逃的部位，然后一一矫正。只要牢牢地把控，防止"漏水"，你就完成了一次自我超越，你会感受到令拳头发痛的强大冲击力。

抓着曼尼·帕奎奥（右）手套的是著名教练弗雷迪·罗奇。帕奎奥的拳头的破坏力可以说是罗奇教练的课程赐予他的礼物。© 福田直树

强化打击力量的训练

至此我们已经列举过一些强化打击力量的训练，
但在这一部分我将介绍几种自己原创的训练方法。
立足于"打击力量的原理"和"增强打击力量的关键"这两部分内容，
学习这一部分介绍的方法进行实际训练，就能有效地增强你的打击力量！

    我已在上一部分内容中说过，打出强拳的关键在于如何让冲击力无法逃出身体。你打出的拳头越重，你受到的冲击力就越大，同时你的身体也会感到越疼痛。为了不让拳头的冲击力逃出身体，有一种克服疼痛（习惯疼痛）的训练方法，即用铁锤击打轮胎，并在身体受到冲击的一瞬间固定住关节。这里我将介绍另外一种单人也能进行的防止冲击力逃离的练习方法。

    首先，你要双膝跪立在地板上，背部必须挺直（下页图片1）。然后，两手握拳，像打直拳一样笔直地向前伸出双臂（图片2），肩胛骨要尽可能地向前倾（图片3），保持上半身的这个姿势向前倾倒，双拳抵在地板上（图片4）。如果身体受到的冲击力逃离了，那么在你的双拳接触地板时，手腕和手肘部分会弯曲（图片5），或者肩胛骨会合拢，像是被拉扯向后方一样（图片6）。此外，如果没有收紧腹部肌肉，身体就会呈反弓形（图片7）。通过观察自己在这个练习中双拳着地时的身体姿势，即可知道冲击力是从自己身体的哪里逃出了。如果注意加强这个找出的关键部位，在双拳着地时牢牢地固定住身体，那么当打在拳套和沙袋上时，也能在冲击力不逃出身体的情况下出拳了。在做拳击练习的同时配合上述练习，你就能有效地增强打击力量。

如果冲击力逃出了身体……

这里岔开一下话题，要增强打击力量，快速出拳也是非常重要的。因为动量（力的作用效果）= 速度 × 质量，只有具备了速度，威力才会增强。那么怎样才能打出有速度的拳头呢？一个重要的因素就是"给身体装一个制动器"。

如果你不明白给身体装一个制动器来提升速度是什么意思，那么请想象一下棒球投手投球时或者田径选手扔链球时的姿势。投手在投球的瞬间，会将戴着手套的手放在胸前，轴心脚的脚尖内收，从而立即停止投球准备时身体的水平转动。扔链球的选手也会在链球脱手的一瞬间让转动的身体突然静止。

这些突然静止的动作给腕部注入了猛劲，棒球和链球飞出的速度就会变快。请再想象一下汽车发生碰撞事故时的样子。当汽车急速停止时，没有系安全带的人会猛地向前飞出，力道之大甚至能撞破前挡风玻璃。当几个物体在一起做惯性运动时，如果其中一部分急刹车了，没有紧急制动的部分就会受到反弹从而做加速运动。同样，这个现象也会出现在投球、投掷以及拳击中。

那么在拳击中，怎样做才能"给身体装一个制动器"呢？出拳这一动作，是靠与出拳的手同侧的脚的脚后跟蹬帆布台面，将从脚腕到腰部、肩部并使整个身体水平转动（转移体重）的力量注入拳头而完成的。

因此，在命中对手的前一瞬间突然停下未出拳一侧的动作，水平旋转的身体末端的拳头就会加速运动。

为了"紧急停下出拳一侧与对侧的动作"，以右势拳手打右直拳为例，他的左肩不应后移，左边的胳膊要夹紧，另外左肩和腕部应呈现靠向身体中心的姿势。

只靠文字解说难以想象具体方法？那么下一部分内容，我将会结合图片详细解说这个姿势，跟着一起学习吧！

从小出义雄教练身上所学
"要是做100年后的训练，绝对不会输"

自从小学 6 年级时看了大场政夫的一场比赛，我便开始痴迷拳击不可自拔，终于在初三时，我下定决心要成为一名拳击手。

当时我规划了一条与大场选手的经历几乎相同的道路——初中毕业就去投师帝拳俱乐部，然后边打工边练拳。但我的父母和周围的人都阻止我说"至少要去读高中"。我从小就跑得很快，中学时参加田径部，取得过市级前几名的不错成绩，后来还作为田径种子选手被选入佐仓高中就读。

虽然我一直打算初中毕业后就开始练习拳击，但是想到大场选手曾是怀着"不管多么严酷的训练，只要克服它就一定会赢"的信念投身于拳击的，我就觉得，如果在高中三年我能熬过自己最惧怕的田径训练，那么这个经历必定会对我今后练习拳击有很大益处，因此我决定继续读高中。而选拔我进入佐仓高中的正是小出义雄教练。

当时的我是一个只会通过拳击来看待一切的思维方式片面的学生。但在接受小出教练的指导以及与他接触的过程中，我开始把教练作为一个前辈来尊敬，思维方式也渐渐地发生了变化。

我从教练那里学到的，也是他一贯的主张——100 年前奥运会上的世界纪录甚至比如今高中运动会的纪录还低……也就是说，如果现在就超前做 100 年后的训练，那么绝对能赢过其他选手。一句话总结就是：按照现有的训练方法一直练，也不可能赢过世界级选手；但如果有了谁也没有尝试过的训练方法或想法，你就变强了。这也是我现在的指导方针。

说到如何才能想象出 100 年后的训练方法，那就要靠你对竞技运动的热情了。我曾听教练的夫人说，教练连在梦话中都是怒责"今天成绩是几分几秒啊"。醒着的时候还算不得什么，教练竟连睡着了都还在想着马拉松。这里借用教练自己的一句话来说，就是"整日在想着赛跑的事"。所以教练这种献身竞技运动的态度深深地影响了我。管理选手，洞察并理解选手内心的方法，对任何竞技运动来说都是通用的。

至今，我在指导选手时遇到不懂或者进展困难的事，有时还会向小出教练咨询请教。

来访拳击选手的集训地，一边看选手尽全力跑，一边给我建议的小出教练。我们师徒间的交流延续至今。

全新拳击的基本知识

Chapter
01 架势·站姿

拳击动作中最基本的便是架势。

选择最适合自己的站姿，摆好架势，

做好这些是打出强拳的第一步。

基本架势

前面

侧面

视线和下巴的位置

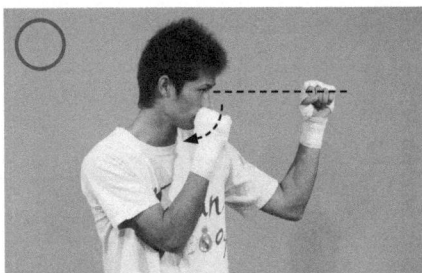

尽可能地收紧下巴，就像在用你的额头注视对手一样。左手拳头的位置与视线齐平。如果扬起下巴，左手拳头不在视线之内的话，这个架势就摆错了。

双臂的角度

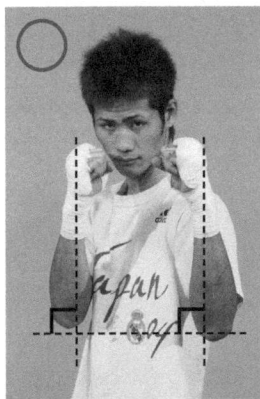

右前臂垂直于地面，并与自己的中心轴（正中线）平行。右肘尽量靠向自己的肚脐。

左前臂和右前臂一样垂直于地面，并与右手臂保持平行。两只手臂切忌摆成八字形，如果腋下空着的话，对手会很容易看破你的拳击轨道，格挡的时候也很难使劲，另外也不利于回旋（旋内）发力。

找到适宜站姿的方法

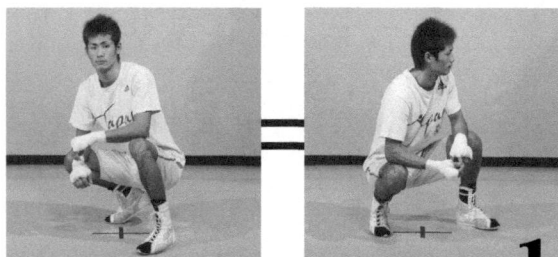

1

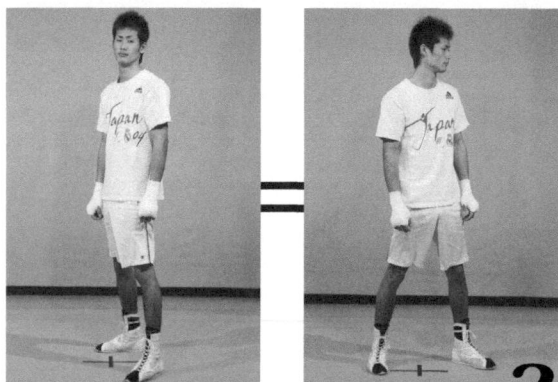

2

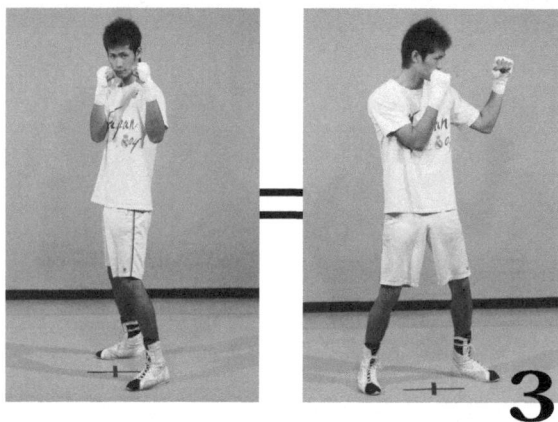

3

在拳击架势中与脸和手臂的位置同样重要的是脚的站姿。通常的说法是，两脚不要距离太远，也不要距离太近，但怎样才能找到最为合适的站姿呢？

野木式·找到适宜站姿的方法：如图1所示，将两脚前后分开，重心在左脚跟。保持这个姿势调整两脚间的距离，直到自己感觉最为轻松舒适。找到这个最舒适的距离后，如图2所示，保持脚部位置不变站起来，这就是最适合你自己的站姿。然后如图3所示，保持这个站姿按照p.23所述摆出架势就可以了。

虽然每个人最适宜的站姿有所不同，但通常来说，如下图所示，将前脚脚尖和后脚脚跟保持在一条直线上比较好。

野木笔记

找到最舒适的蹲姿，然后只要站起来，架势的准备就轻松完成了！

膝盖・脚尖的位置和朝向

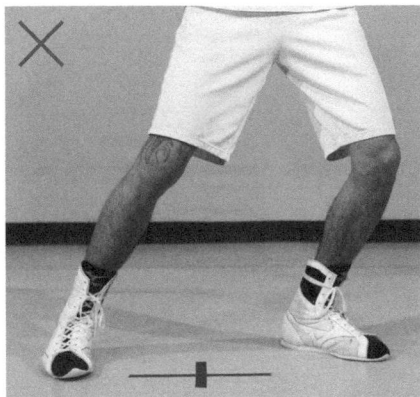

前腿的膝盖要与脚心在一条竖直线上，如果膝盖比脚尖还突出（右上方图片），就会掌握不好平衡，导致无法顺畅地移步或转向。另外，如果前脚的脚尖已经朝前了，那么后脚的脚尖就不能朝横向摆放（右下方图片）。后腿的膝盖必须要向内收，不能向外打开。

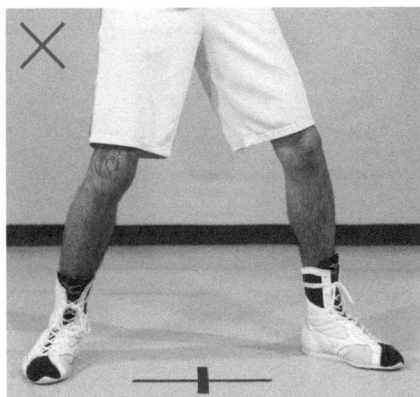

大桥秀行（左）的架势。他后脚的脚尖紧紧地内扣着。

再来从理论上学习一下细节动作吧!

问答方式
解说!

问：摆架势时侧身的程度是多少合适？

答：侧身摆架势（右侧图片）的优点是，让对手难以看到自己的要害。侧身会让自己的胸腹离对手更远，藏得更深，从而让对手感到难以进攻。但是从另一方面来说，侧身之后你离对手的距离就变远了，你要击中对手的动作幅度就会变大。以上就是侧身姿势的优点和注意点。所以最佳的侧身姿势是没有的，因为这与选手自身的骨骼及打法都有关系，每个选手都有最适合自己的侧身姿势。

问：两脚的脚跟都不应该着地吗？

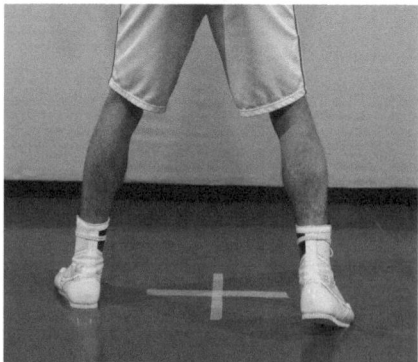

答：这个其实也要看选手自己的风格，但现在两脚的脚跟都不着地的选手已经越来越少了。大多数选手都会选择前脚全部着地，后脚的脚跟稍微离地的姿势（左侧图片）。因为这样移动起来会更灵活。如果前脚的脚跟也不着地，在出拳时身体就会失去平衡；而如果前脚全部着地，那么身体的制动性会更好，出拳时也就能更容易地保持自己的姿势了。但是也有例外，在距离较大的跳跃中做假动作时，需要很强的冲击力，这时后脚的脚跟也可以着地，即后脚可以全部着地了。

问：弓背和鸡胸哪一个更好？

答：如果你摆出背部弯曲的架势（最左图片），那么你的腹肌会更容易聚力，也更容易用两条手臂护住面部和腹部，所以这个架势很适合防御，但是这个动作会让你的肩胛骨张开太大，无法蓄力打出强拳。相反，如果在打开胸部（肩胛骨靠向后方）的状态下（中间图片），就有了足够的空间伸展拳头了，但是这样两臂的防御屏障也就不存在了。所以肩胛骨不能张得太开，也不能太靠后，寻找一个适当的中间位置（最右图片）是最重要的。

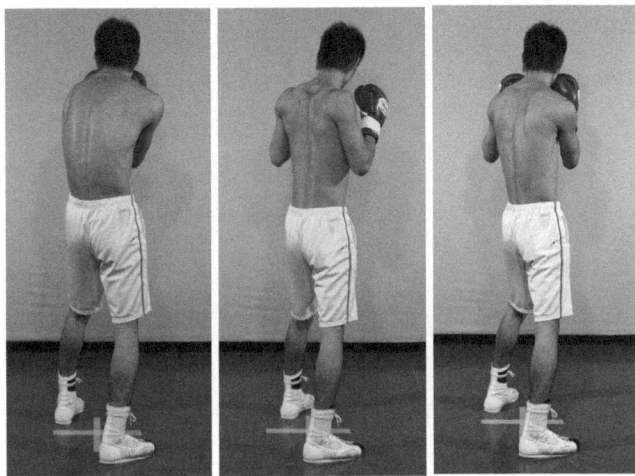

问：为什么右前臂必须保持垂直？

答：请把右前臂的朝向考虑成你自身平衡的基准。如果你将右前臂以背脊骨（躯干的中心）为中心运动，那么你倾斜上半身时前臂也会倾斜（左侧图片）。如果不管怎么运动都保持右前臂垂直于地面的状态，那么你的上半身就不会倾斜，整体姿势的平衡就容易保持了（右侧图片）。如果你什么都不做就能保持身体平衡当然是好的，但是以右前臂为基准，你能更清晰地掌握自己的平衡。

问：膝盖弯曲程度大一些动起来更方便吗？

答：首先你要了解的是，前后腿上的重心分配比例最多是6：4。根据具体情况也有将重心放在一条腿上的情况，但这样做基本上就难以转换到下一步动作了。如果前后腿的重心以5：5的比例分配，那转换到下一步动作就会更顺畅，还能适当地弯曲膝盖；但是过分地弯曲膝盖，膝盖就一定会比脚尖更突出，这个姿势会让你不能灵活地移动。你并不是通过弯曲或伸直膝盖（上方图片→⇔下方右侧图片）来掌握节奏的，为了不改变膝盖的位置也能掌握节奏，你需要做非常细微的动作，即弯曲、伸展髋关节。这样下半身和上半身的动作就产生了连贯性，全身都能动起来了（下方左侧图片⇔下方右侧图片）。

问：骨盆应该前倾还是后倾？

答：如果骨盆后倾，脚会难以向前伸出，就很难产生冲击力。如果稍稍前倾骨盆（上方图片），向前的冲击力就会大大上升。另外，防守时后倾骨盆，打开肩胛骨，弯曲背部，防守会更坚固（下方图片）。另外，在比赛中除了向前的冲刺还有其他动作，并不是说骨盆总是前倾就比较好。需要注意前一问中所说的髋关节的伸展，判断自己的骨盆达到了何种状态，然后根据具体的情况，进行改变骨盆倾向的练习是十分必要的。

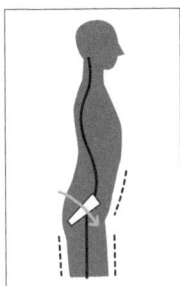

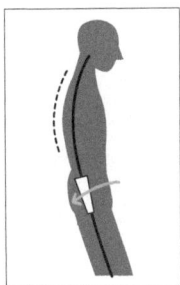

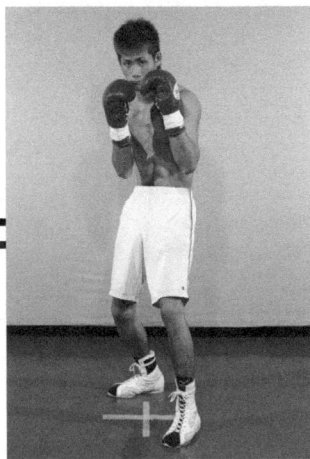

滑步、环绕步

基本架势摆好后就要开始移动了。

我们能通过前后左右的滑步、以一脚为轴的转动等多种方法在保持架势的同时动起来。

前后滑步

向前

向后

滑步的基本方法是先动自己前进方向的那只脚，再动另一只脚。例如，如果你要向前移动10厘米，那就把你的左脚先向前滑动10厘米，之后右脚跟进10厘米。当完成整个动作后，你的站姿和架势不能发生变化。

左右滑步

向左

向右

左右滑步和前后滑步一样，向左移动就先动左脚，之后右脚跟进。向右移动就先移动右脚，再动左脚。

快步

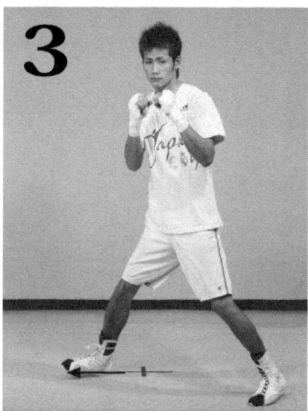

向右移动时，一般情况下是以从右至左的顺序移动双脚的，但是为了更快速地滑步，这里所用到的技术是先动左脚，然后借力向右移动。首先，左脚逆着移动方向（向左）滑出一步，重心一瞬间向左移动。其次，利用重心移动的反作用力一下向右滑步。这是在实际比赛中经常用到的一个步法，是从基本步法派生出的一种实战型步法技术。

惊讶？要快速向右移动竟然要先向左移动左脚！

野木笔记

环绕步

向右环行

向左环行

环绕步并不是前后左右绕，而是以对手为中心移动的一种步法。在攻击和防御时都可使用。

以前脚的脚尖为轴，后脚在45°～90°（角度）之间绕其做弧形移动。

要点是前脚尖一定要用力地蹬地并快速地移动。如果这里不用力，你的重心就会不稳，应对对手的拳头时反应就会变慢。因此，在做环绕步时前脚尖一定要用力地蹬地，保证重心的平稳后再移动。

野木笔记

就像用脚

把烟头碾灭那样

用力地蹬地！

Chapter 03 刺拳的定义

刺拳是拳击中的一种基本拳法。

一般对于右势拳手来说刺拳的定义是

左手笔直地向前打出（左直拳），

但左直拳并不一定完全等同于刺拳。

在详细介绍拳击技术前，需要先打好地基，夯实基础，

让我们首先对刺拳做一个定义吧！

左直拳＝刺拳？ 错！

一般情况下刺拳差不多等于左直拳，左直拳也常被称作刺拳，但不能说刺拳完全等同于左直拳。从根本上来说，我们打刺拳的目的是，刺探对手对自己的攻击会做出何种反应和防御。那为什么会将左直拳作为刺拳用呢？因为对于右势拳手来说左直拳的动作幅度最小，对手发起还击的可能性也相应较小，所以从预备姿势打出左直拳的风险最小。对于只是试探对手的反应和防御破绽的出拳，没有必要故意打一些危险性高的拳。因此，综合考虑出刺拳的目的和出拳的风险，将左直拳作为刺拳来用的频率极高，所以就有了左直拳＝刺拳的说法。但也有左直拳并不是刺拳的情况。例如，如果对手在自己打出了左直拳后毫无反应，那么无论你打多少次左直拳，也不可能发挥出刺拳的功能。左直拳如果发挥不了刺拳的功能，就要用右直拳或左勾拳等其他拳法来试探对手后再组织进攻。事实上我在作为拳赛辅导员观看比赛时，看出选手的左直拳无法成为刺拳后，有时便会教他们用其他拳来做刺拳。我认为刺拳在拳击中是非常重要的，考虑到使用频率，将左直拳作为刺拳好好练习是很重要的。但另一方面，我们也应当让选手摒除左直拳＝刺拳这种固有的观念。

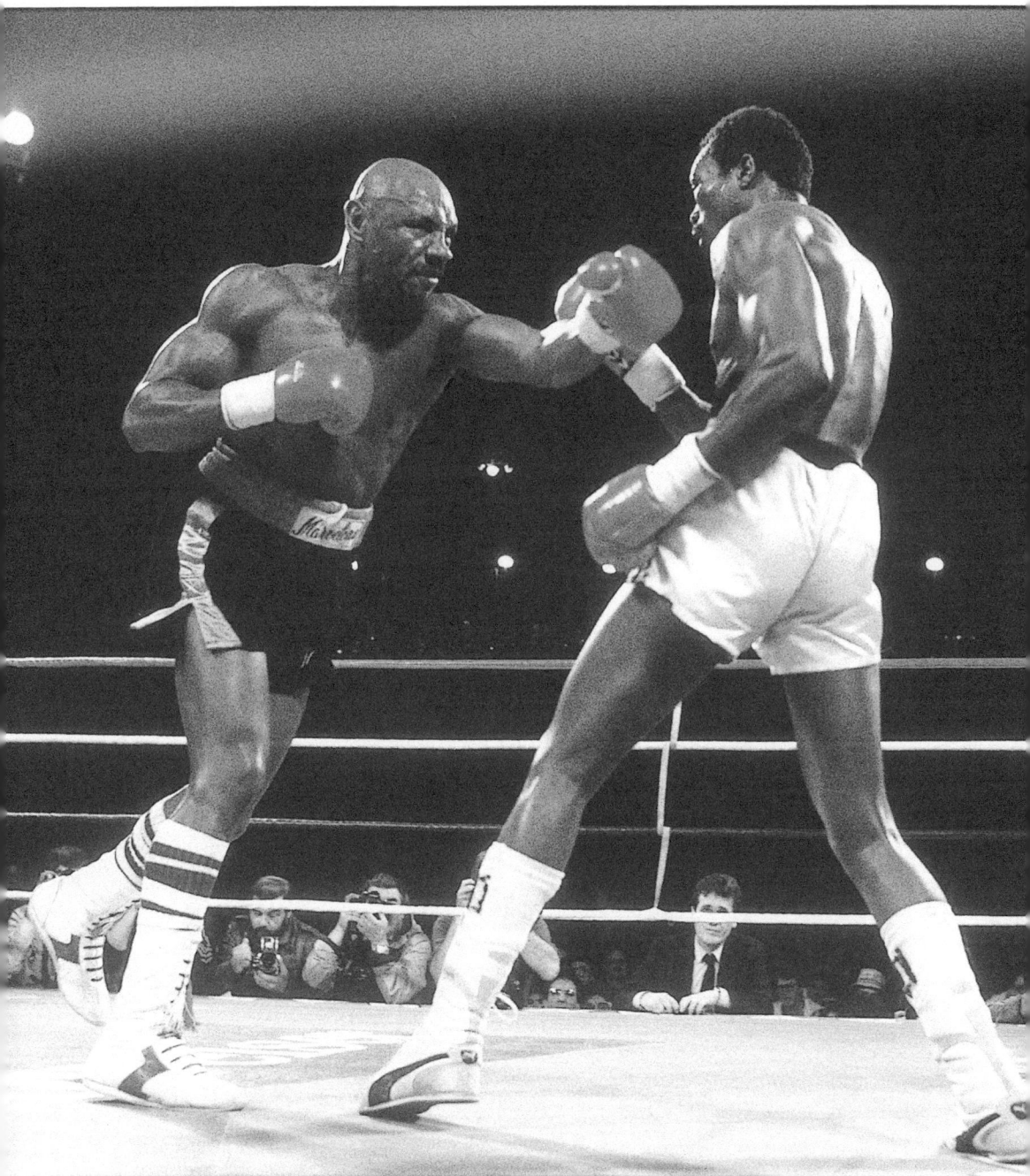

20 世纪 80 年代的代表型拳手"奇迹"马文·哈格勒（左）KO 了约翰·穆加比的那场比赛。左右架势都掌握的左撇子拳手哈格勒擅长将左直拳用作刺拳，随后右手出拳重创对手。这算是一个并不一定要用前侧的手打刺拳的好例子。

左直拳

左直拳是一般用作刺拳的一种拳法。
对于右势拳手来说，就是前手出拳，
它也是进攻的先锋拳法。

对上的基本打法

前面

侧面

◎ **注意右半身**

摆好架势后，为了在最短的距离内打到对手，左拳呈一条直线击出。并不只是拳头击出，同时需要左肩充分向前送出。关键在于你的右半身，左肩向前送出≠右肩向后。出拳时要注意的是，将左半身向前送出时，右半身不能随之后撤，要保持原位置不动。左半身向前的同时，右半身固定不动，就像刹车一样。

对下的基本打法

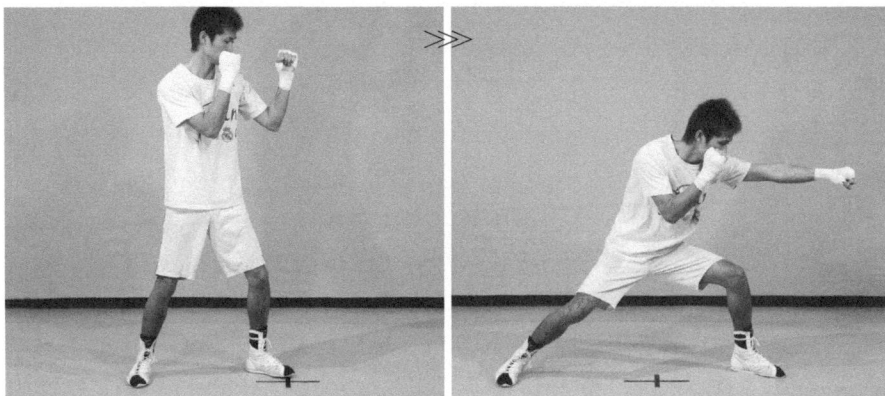

这次不是打对手的上部了，而是瞄准他的下部。基本打法还是与向上打的直拳一样，前脚稳健地向前迈出一步，右半身固定不动打出直拳。不管是打上还是打下，上半身的姿势都是一样的，只是需要迈出一步来改变出拳的高度。这个打法通常在需要打对手的身体时使用。如果在迈出一步时，前脚的膝盖超出了脚尖，那么恢复原本的架势的速度就会变慢，受到对手还击的风险也会相应提高，要特别注意这点。

| 要点 ☆ | **前 倾 不 能 过 度** |

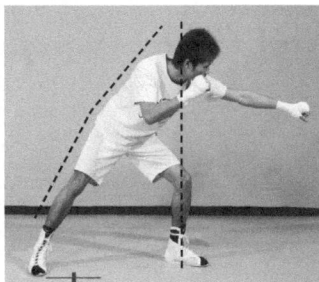

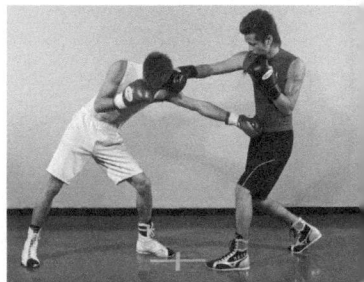

不是说朝对手下方（腹部）打的直拳，就要向下打。像图片中一样身体前倾，只伸出手臂的打法是不行的。只有尽量防止自己前倾才能打出正确的直拳。另外自己的脸也不能比左膝更靠前，因为这样你的脸就处在对手很容易打到的危险位置了。

顺带一提，如果打左直拳的时候不管右半身的话……

请看下一页！

姿势上就会有这么大的差别！

（为什么这样的姿势不行？我会在p.46连同右直拳一起讲解。）

（正确姿势）

○

（错误姿势）

×

闪 拳

这是一种先降低左手再将手臂像钟摆一样打出的左直拳。因为不是笔直地出拳，而是以肘部为支点从下至上击出，所以它比普通的直拳多了一个时间差，从而易击中对方的面部。降低左手，先抬起手肘，然后左手如波浪般出拳。

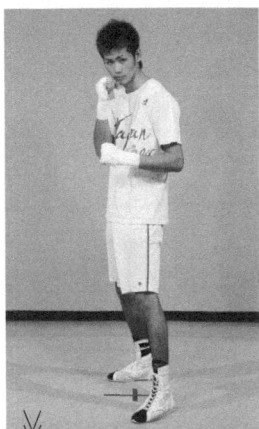

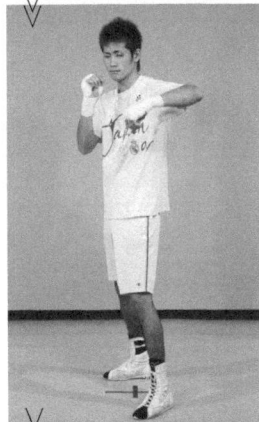

闪 拳

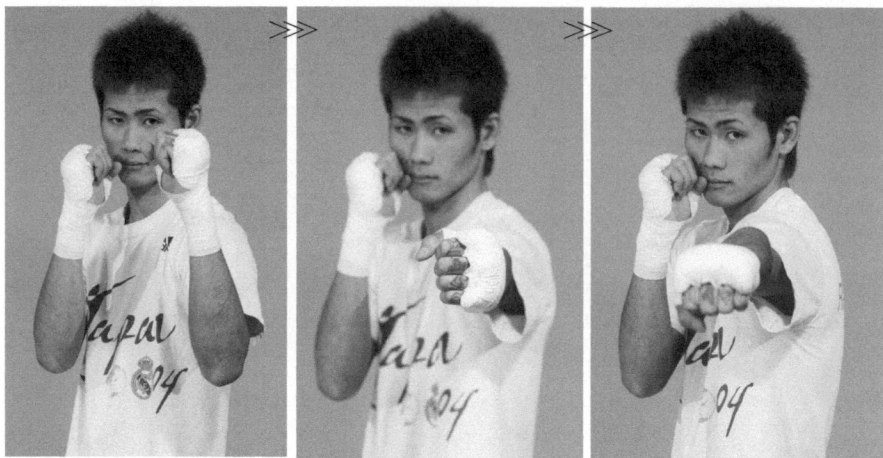

它一般用于提高防御，警戒对方出拳时。把自己的左臂当成铁锤，边像钉钉子一样下锤，边打出直拳。摆好一般的架势后，以左肘为支点，然后直接向前落下拳头，在那一瞬间恢复肩部的位置并击中对手。

野木笔记

在对手的脸上钉钉子。

那么问题来了

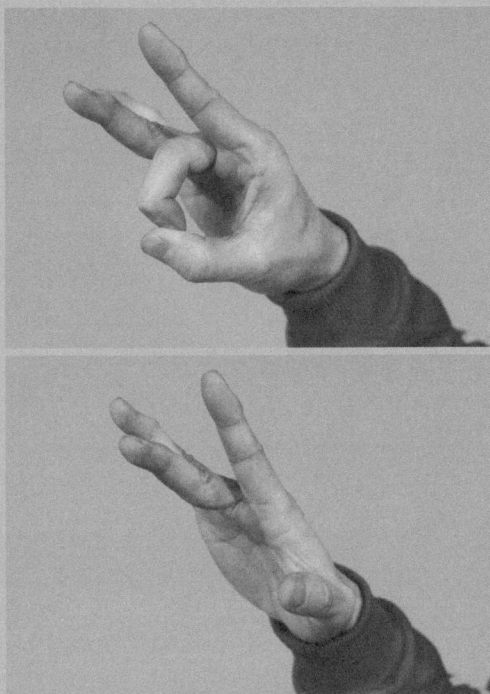

有一种左直拳的原理和弹脑门一样。

请问这是哪种左直拳呢？

请看下一页！ ▶

近距离击打

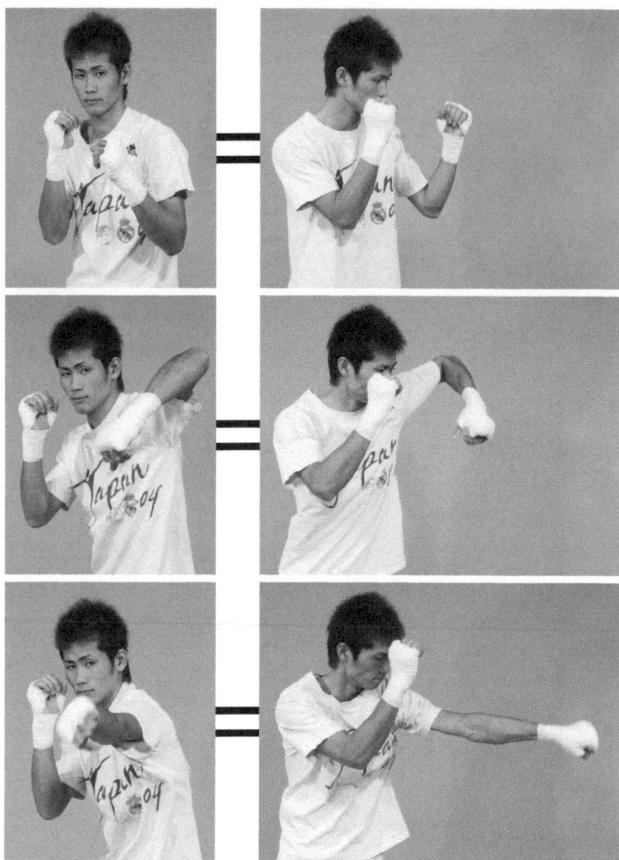

这种打法用于对手距离自己极近，普通左直拳不能完全伸直的情况。抬高自己的左肘，手臂保持折叠状态，运用腕部力量打出左直拳。

问：为什么这个原理和弹脑门一样？

答：提前抬高左肘折叠手臂后，利用它的反作用力就能打出厉害的左直拳。在自己的左拳被压制的情况下，抬高手肘，就能积蓄力量让甩腕更有劲，这里的原理和弹脑门是一样的。

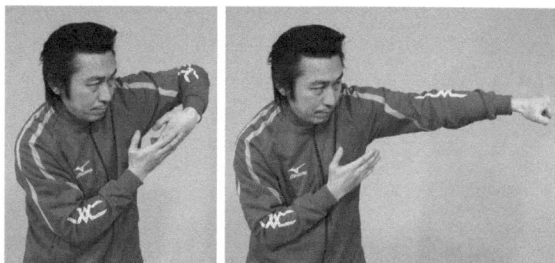

远距离击打

这种打法与对身体上部的基本打法是一样的，但是要尽可能地伸长自己的左臂，扩大拳距。感觉就像你在用左手去抓飞得很远的虫子一样。出击时先不握拳，在击中对手的瞬间就像抓住虫子一样握紧拳头。记住这种握住的感觉的一个指标就是拳头的重量。如果在伸出手腕时握紧拳头，你的手腕就能感知到拳头的重量，左肩应该会有被拳头牵引的感觉。

野木笔记

用肩膀感受
拳头的重量！

高个子的托马斯·赫恩斯（左）连续快速击出闪拳和刺拳压制了罗伯特·杜兰。

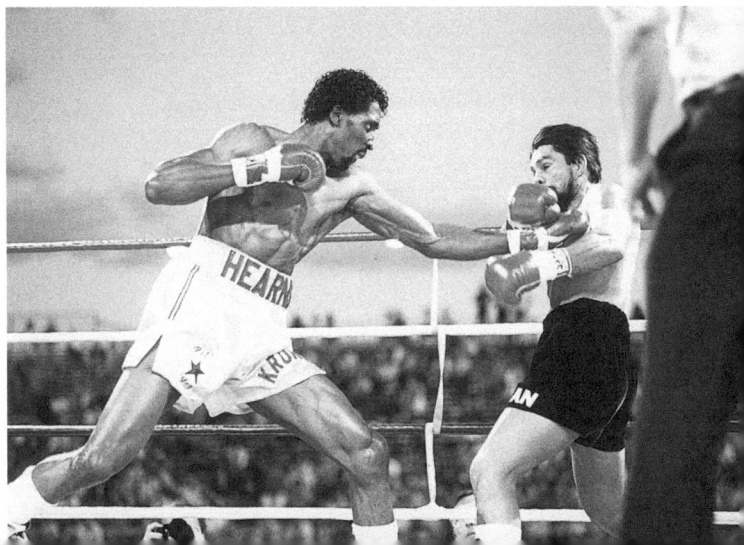

Chapter

05 右直拳

右直拳对于右势拳手来说就是后手直拳。

相比于左直拳常用作刺拳，

右直拳威力更大，更能给对手以重创。

对上的基本打法

前面

侧面

摆好基本的架势后，用自己的右拳以最短的距离笔直击向对手。与左直拳正好相反，保持左半身不动作为制动器，右半身向前送出打出直拳。左脚脚尖与刚开始的架势一样，向内碾地维持不动，脚尖不能外张。

对下的基本打法

前面

侧面

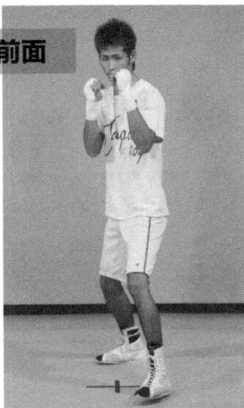

与对下的左直拳的基本原理相同。

前脚稳健地向前迈出一步，保持上半身架势不动，打出右直拳。

需要注意的地方也与左直拳一样，不要前倾，不要让脸比膝盖更靠前。这个打法通常用于攻击对手的腹部。

"转动腰和肩部来出击"是错误的！

出击时右半身应该靠近左半身。

前面

（正确姿势）

○

（错误姿势）

✕

动作要领是右肩尽量靠向左肩，右腰尽量靠向左腰。不能做出右半身拼命向前挺，左半身向后逃一样的姿势。如果过分地转动肩部和腰部，右肩、右腰和左肩、左腰完全处于前后位置，身体就会聚不了力，直拳的威力也会大大地降低。

要点
☆

后 脚 的 内 扣

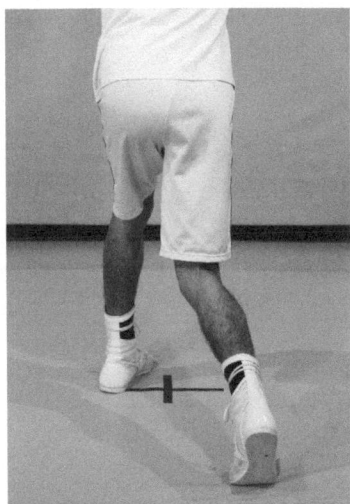

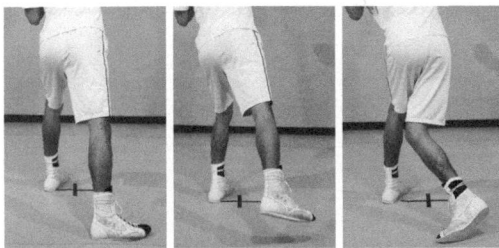

打出右直拳时为了让身体前进，可以稍稍内扣后脚（右脚）。如左图一样前脚（左脚）和后脚的脚尖同时向前就正好。像上方最左侧的图中那样右脚脚尖向外张开，上方中间图那样离开地面，上方最右侧的图那样内旋过度，都会破坏身体的平衡。

近距离击打

在对手与自己的距离在普通直拳范围内时，适合出右直拳。

与近距离的左直拳相同，抬高右肘，右臂保持折叠状态，依靠手腕的力量打出右直拳。这种拳法也像是在弹脑门。

旋转拳头击打

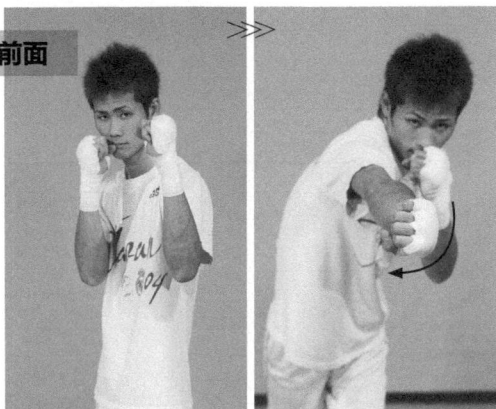

前面

为了增大拳头的破坏性，在击中对手的那一瞬间旋转拳头，就像要打歪对方的脑袋一样。

这种打法和基本的打法是一样的，注意要在拳头打到对方下巴时果断地扭转拳头，扭转到拳心向外的姿势。上臂和前臂呈一条直线，就有可能使出全力、打出有贯穿性的一拳。

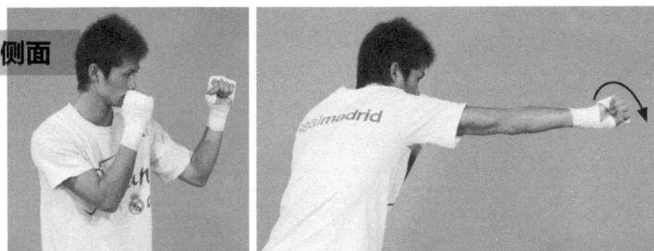

侧面

扭转拳头打歪脑袋的画面

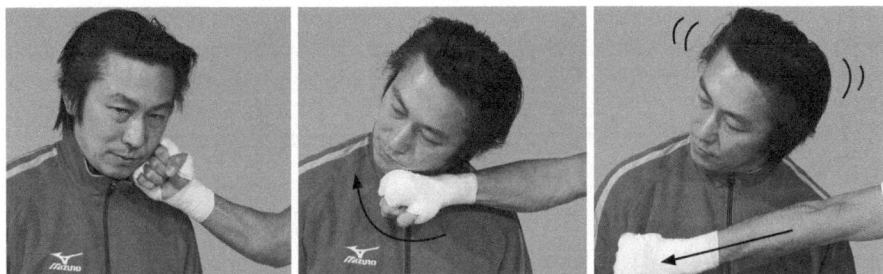

上手打法

前面

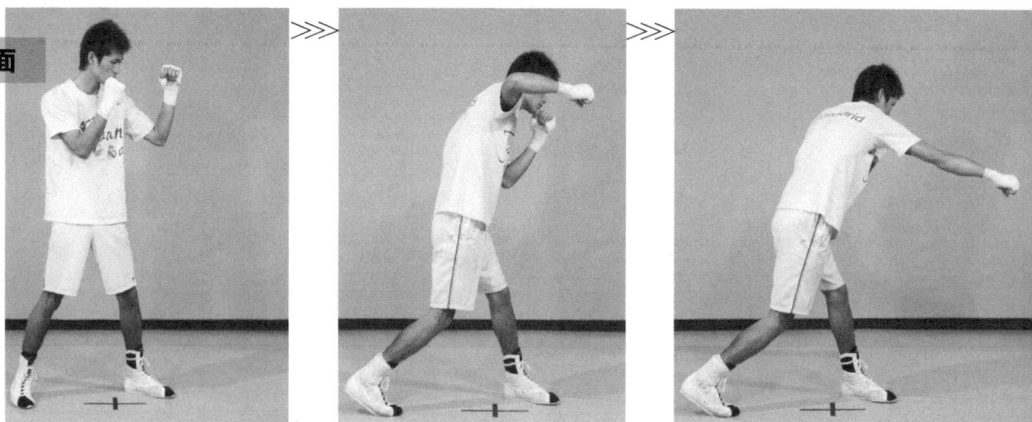

侧面

摆好基本架势后，并不是笔直地打出右直拳，而是极大幅度地打开腋下，然后使出全身力量向下打出直拳，在这个姿势下关节部分容易发力，拳头的威力也会更大。因为这个拳法的动作幅度很大，所以难以突然出击打中对手，但是当对手的面部位置较低，或者紧跟着对方的刺拳越过肩膀（右侧的交叉迎击）打出这一拳，就能给对手以重创。

在实战中这种拳法的一个应用是在右势拳手VS右势拳手时。欲知详情，请前往p.117。

肩胛骨的移动和直拳威力的关系

出拳，尤其是在打直拳时，必须考虑到肩胛骨的移动。例如打右直拳时，如果将左肩向后拉的话，由于人体会绕着一个中心轴旋转，你的右肩就很容易向前送出。但这样的打法没有很好地运用肩胛骨的移动，你的身体和一块木板没什么两样。与此相对，在你打右直拳时，向前送出右半身的同时保持左肩胛骨朝前不动，从而阻止左半身跟着惯性向后的动作，这样你的左半身就成了一道"墙壁"，仅仅是你的右肩胛骨被向前拉了。这种打法应该会让你的拳头比左肩向后拉时更强一些。此时，你的左右肩胛骨的间隔已经是最大的了。我觉得用"拳头飘了"来形容左肩向后拉的情况，用"注入了力量""加速运动"来形容左肩保持朝前不动的情况比较贴切。但是，如果刚开始摆架势时你的肩胛骨就一直是张开着的，那么拳头是打不出去的。因此，应该像前文的问答中所说的那样，一开始保持肩胛骨放松（p.27），然后再打开肩胛骨并打出直拳。

上半身像木板一样的右直拳

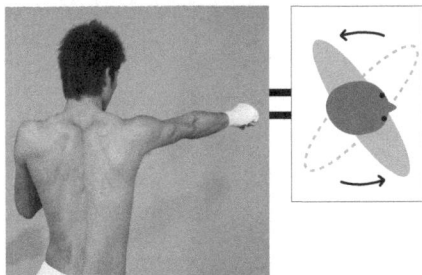

左右肩胛骨张开的右直拳

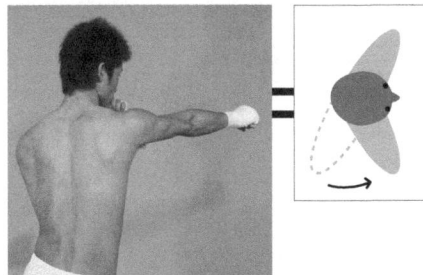

★肩胛骨运动训练1
推开对手

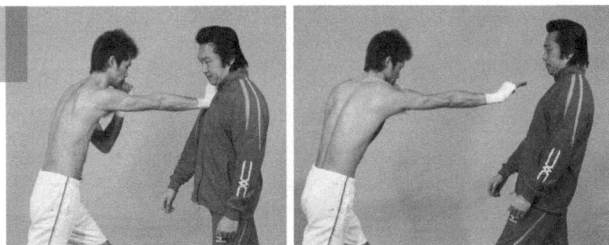

摆好架势后，把你的右掌抵在搭档的身体右上部（左侧图片），保持左肩位置不动，只将右手用力推向对方（右侧图片）。重复这个动作进行训练的话，你的肩胛骨就能灵活地运动了。另外，也可以尝试在肩胛骨打开和闭合的两种状态下推开对手，这样你就能感觉到力量传递上的区别了。人体有一种特性，就是做丝毫没有制动、难以发力的动作会更轻松。

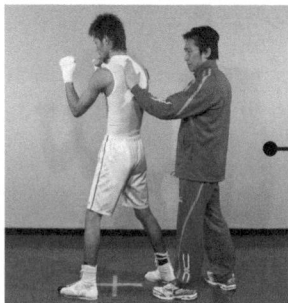

★肩胛骨运动训练2
出拳时不触碰后方的搭档

让搭档站在身后把手挡在自己的左肩胛骨后。如果打出右直拳时打开了肩胛骨，你的左肩就不会向后拉，也就不会触碰到搭档的手；但如果在打出右直拳时左肩向后拉了，你的左肩就会碰到搭档的手。没有搭档，也可以用沙袋代替，站立时让沙袋处于左肩后方，正好碰不到肩膀的位置。

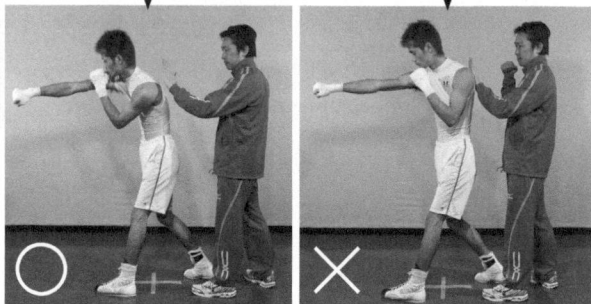

★肩胛骨运动训练3
用肩胛骨做俯卧撑

我们做俯卧撑时，手臂通常会弯曲，但在这个训练方法中要保持手臂伸直，只通过肩胛骨的开合来上下移动身体。

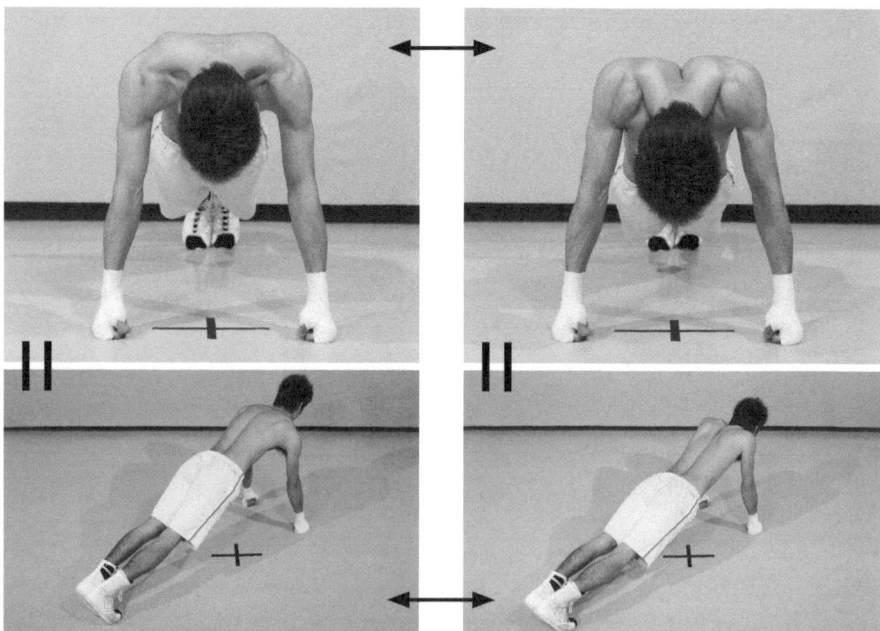

边用左手拍击胸部边出拳

在打出右直拳的同时，用自己的左手拍击胸部。需要注意的是，要把左手从基本架势处垂下放至胸口，此时你的左手并不会很难触碰到胸部，然后出声拍击右胸。

出拳时左手绕在腰间

还是从基本架势上变形，让自己的左手碰到右侧腰部，然后保持这个姿势打出右直拳。请记住此时左手制动左半身的感觉。

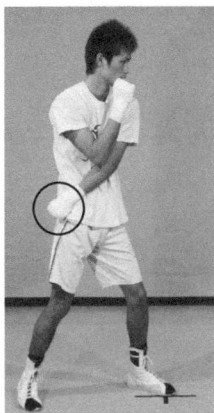

躺着出拳

平躺在地面上，先笔直地伸出左手，然后保持左手伸直的姿势打出右直拳。此时肩胛骨是张开的，左侧肩胛骨不能碰到地面。

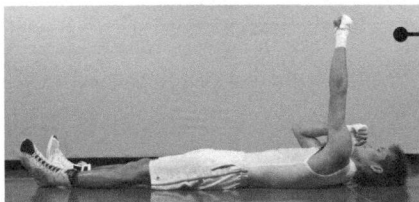

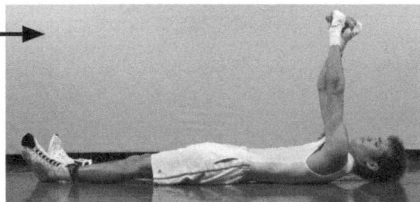

左勾拳对于右势拳手来说就是前手勾拳，这里介绍上勾拳和下勾拳两种基本打法。左勾拳是KO率高，打法最多变的一种拳法。

对上的基本打法

前面

侧面

摆好基本架势后，像打出右直拳一样右半身向前进。然后左半身边向前，边将左手从左侧抡向右侧，用力地击打对手的下颚或太阳穴。

1 出击前肩胛骨的使用

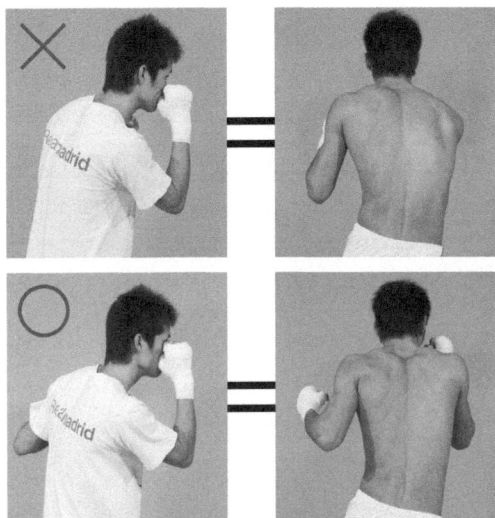

打左勾拳时肩胛骨的使用与打直拳时一样，肩胛骨在左手向后拉的时候是聚拢的，在打出左勾拳时再张开。必须把先前进的右半身当成打左勾拳的制动器，发力原理与打直拳时相同。

2 手肘的角度·从后向前推动左臂

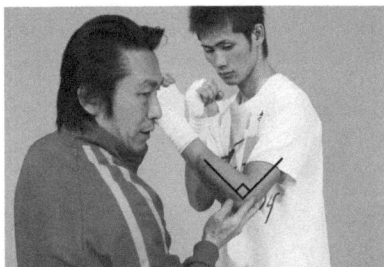

基本上要保持屈肘90°（照片中为了让大家更容易看出屈肘角度，降低了肘部位置）。

屈肘90°后，拳头和肘部保持与地面平行。接下来的一般打法是，保持屈肘角度不变，将手臂朝着身前抢出；也可以像自己的肱三头肌被推动一般横向挥动（右侧图片）。因为惯性作用，肘部角度会变大，左肘会挥到自己眼前。

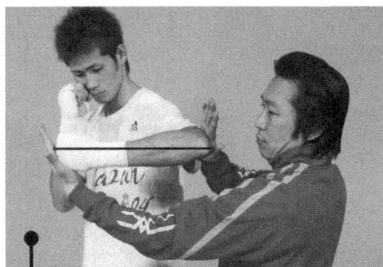

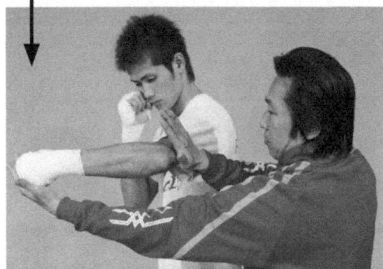

腿部内八

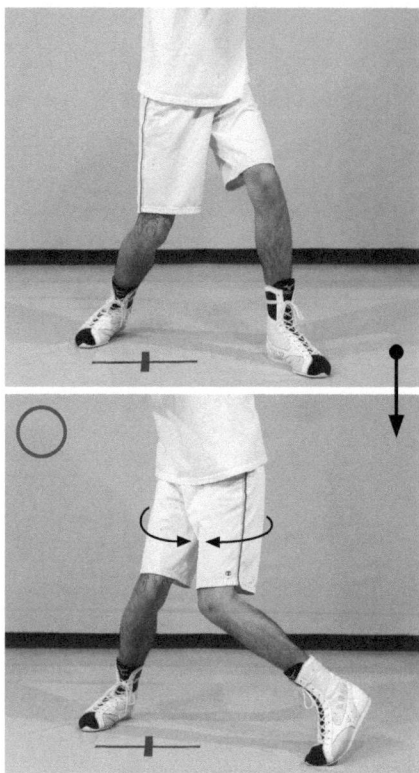

在打左勾拳时腿部要呈内八姿势（下方左侧图片）。借助两腿向内拧转发力，打出的左勾拳才会更有力量。如果两腿呈外八姿势（下方右侧图片），打出的左勾拳就会没有力量。但是需要注意的是，你只要记得向内拧转两腿就好，并不用太计较拧转后的姿势。

打完左勾拳后肩胛骨的使用

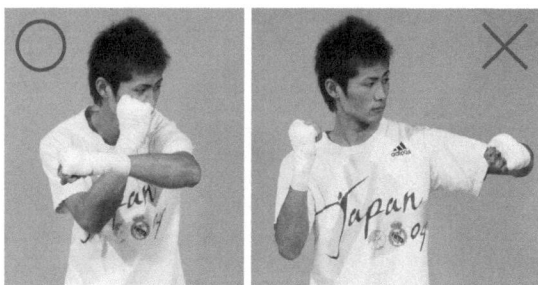

打完左勾拳后肩胛骨的使用也与打直拳时一样，左半身向前进时，右半身不要向后退。维持原样的右半身就是打出左勾拳时的"墙壁"，必须注入力量（左侧图片）。如果你的上身像一块木板一样转动（右侧图片），就不会有很强的威力了。

对下的基本打法

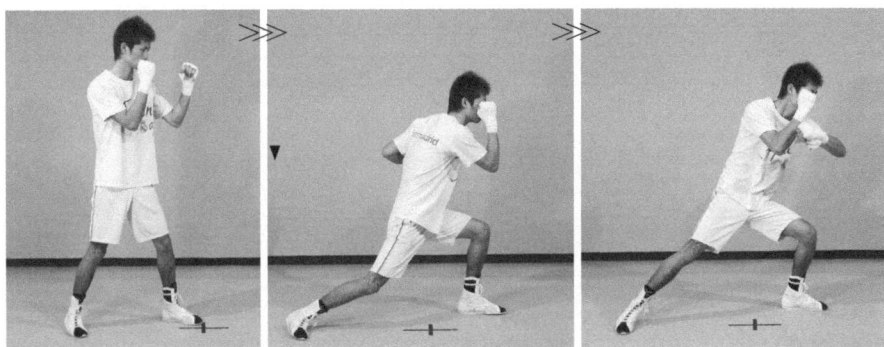

上半身和两脚的姿势与对身体上部的基本打法是一样的，不同的是迈步与左膝的弯曲程度。你需要向自己的左边迈出一步，打出左勾拳。然后通过调整左膝的弯曲程度来调整自己的高度。注意你的上半身不能过于前倾。这个打法通常用于攻击对手的腹部。

再来学一些更细化的动作要领吧!

问：击中对手时的角度或者动作有哪几种?

答：一般情况下我们会以自己的头部为支点，左手按正圆的轨迹挥动。这一类型的左勾拳威力最大是在与对手成40°击中他时，此时的手臂内旋发力最有效。击中对手后，左手仍继续保持圆周运动，直到回到自己的脸旁，这便是最基本的左勾拳的打法（A）。此外，还有一种左勾拳，当左拳到达击中点时不采用内旋，而是直接横向击出。你可以把这种情况想象成拳头打到了墙壁上，然后你要用拳头去推那面墙的话，不用做圆周运动，直接像要穿透墙壁一样打过去就行了（B）。跟别人解释的话，就可以说虽然叫作左勾拳，其实就跟从侧面打出左直拳一样（B'）。

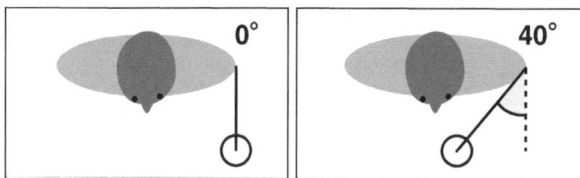

先将前臂水平向前伸出（下方左侧图片），再把拳头稍稍偏向内侧（下方中间图片），最后提起上臂与地面保持水平（下方右侧图片），这就是击中对手时，肩部和肘部的正确状态。

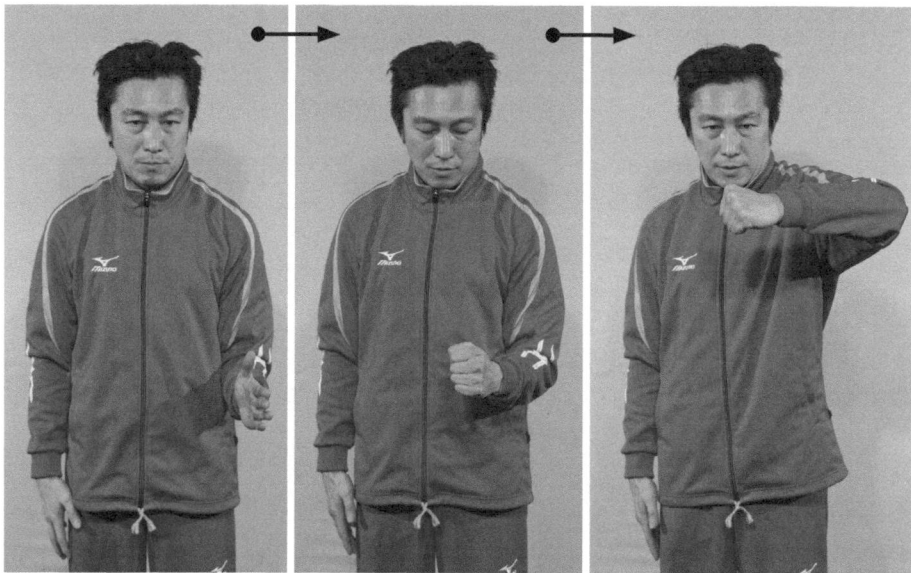

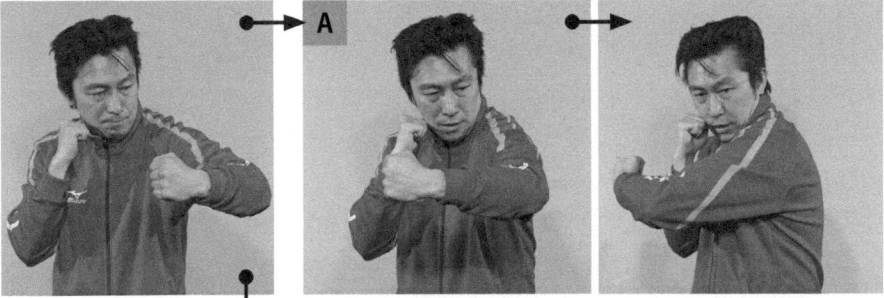

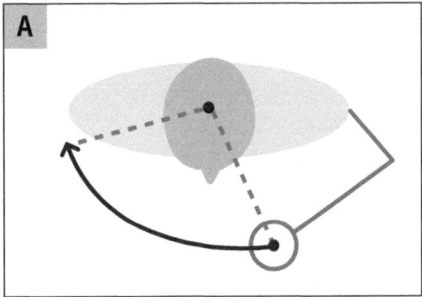

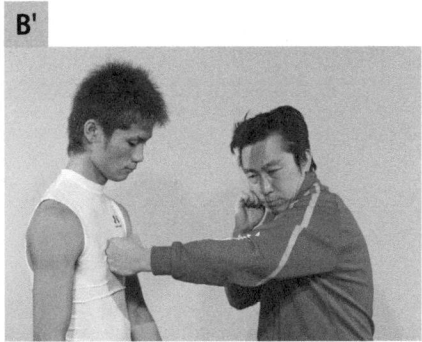

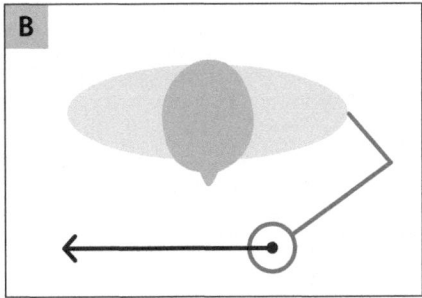

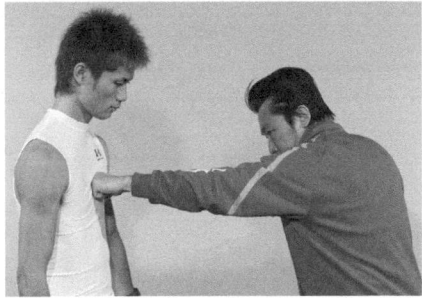

问：手肘必须时刻保持90°弯曲吗？

答：一般来说，保持90°是最好的，但也可以根据具体情况改变角度。手肘弯曲的角度会随着与对手距离的远近发生变化。如果对手与自己的距离适中，那么打出左勾拳时就该曲肘90°。但是如果对手离自己很近，这时再曲肘90°就不合适了，出拳也打不到对手。对手离自己很近的时候就要弯曲手肘成比90°更小的锐角，这样才能打中。那么相反，要是对手离自己很远，这个角度就该大于90°。因此，总结成一句话就是，根据自己与对手的距离适当地调整手肘的角度。

近距离（小于90°）

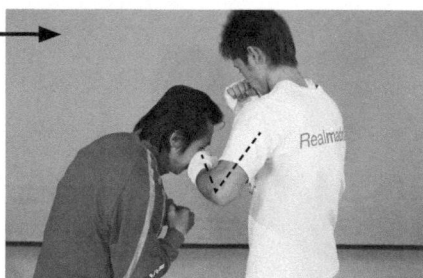

中等距离（90°的基本打法）

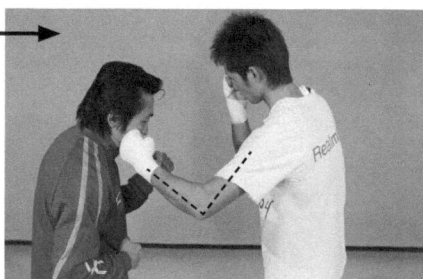

远距离（大于90°）

运用甩动手肘的力量的打法

摆好基本架势后，左肘向上挑起，手臂像拍打海浪一样打出左勾拳。然后像介绍左右直拳时说的那样，旋转你的拳头，就能把对手的脑袋打到晃荡。

上一幅图的另一个视角。从这张图中能明显看出抬起手肘，拳头向下挥的动作。

问：前臂必须时刻与地面保持水平吗？

答：在基本打法中保持拳头和肘部在同一高度，且前臂与地面水平是作为要点来说的，但其实这也是会根据具体情况改变的。为什么在基本打法中前臂要与地面保持水平呢？那是因为前臂垂直击中目标话，拳头能发挥出的威力最大。例如打出左勾拳是为了击中对手的正侧面，那么能发挥最大威力的理想状态是前臂与地面保持水平，而不是向上或向下倾斜。但如果是从对手的下巴处向上打，或者从上往下打时，你硬要保持前臂与地面水平的话，出拳方向和出力方向就不同了。因此，前臂并不总是与地面保持水平，而是要考虑到所打左勾拳的轨道，左前臂的方向要与之对应。看了p.63的解说你大概就会明白，左勾拳的打法有许多，而它们之间的差异很细微。但是不同的左勾拳之间有一个共通点就是，在击中对手前，左拳是朝着同一个方向的。就好像自己的拳头上长了眼睛，会一直盯着目标直到击中它。

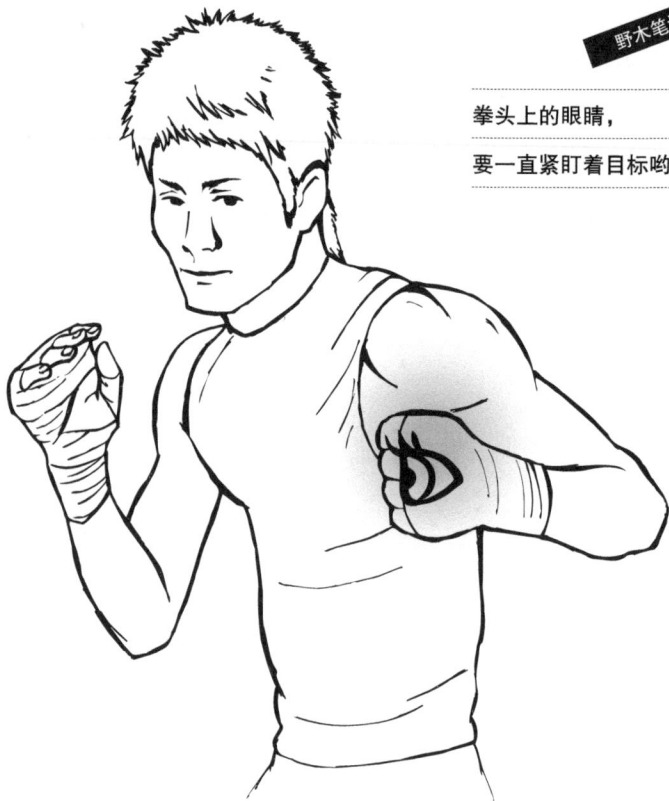

野木笔记

拳头上的眼睛，

要一直紧盯着目标哟！

左勾拳的多样打法

这里就让我们综合看一下左勾拳的各种打法吧。首先是基本打法，左拳挥至自己的面部前方，就像被拉住了一样（p.54）。

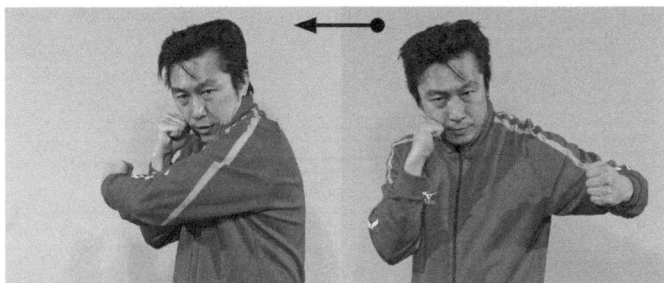

第二种开始时与上面的打法一样横向出拳，之后拳头不用靠向身体，直直地横向打出去就好（p.59）。

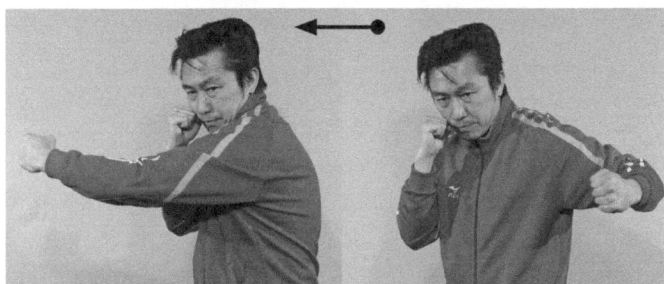

第三种用到了甩动肘部的力量。从动作轨迹中能看出是由上而下打出的左勾拳（p.61）。

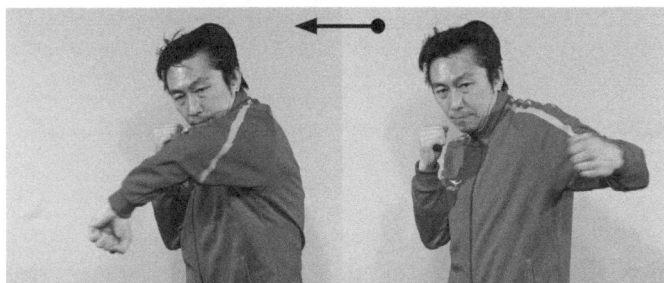

最后这一种与上一种相反，是由下而上打出的左勾拳，有点类似于上勾拳。

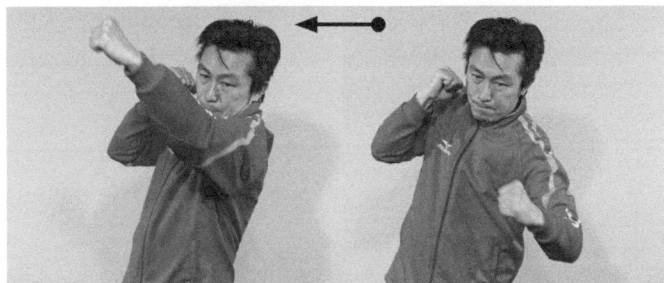

PART 2

Chapter

07 右勾拳

右勾拳对于右势拳手来说就是重手打出的勾拳，与右直拳一样威力较大。
这里介绍对上和对下两种打法。

对上的基本打法

这个打法的基础部分与右直拳是一样的，唯一不同的就是击中对手时的轨迹。首先与右直拳一样以左半身为制动器，右半身向前挺出，与此同时抬起右肘，像左勾拳一样朝一侧抡过去。

对下的基本打法

上半身的动作与对上的右勾拳一样。膝盖深度弯曲，调整自己的高度后打出右勾拳。这个打法用作右腹部勾拳，主要瞄准对手的左侧腹部和胃部。

下捶打法

这种打法像从上部捶下去一样的右勾拳。基本打法与对上的右勾拳一样，只是最后拳头要向下落。注意运用肱三头肌的力量，肘部伸展开后打出右勾拳。

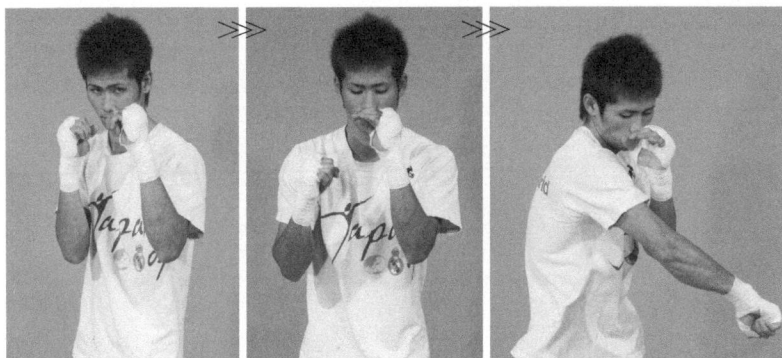

PART2

Chapter

08 左上勾拳

左上勾拳像是要把对手顶起来一样的拳法。这是对手出现防守空当时有效的一击。但另一方面，在你打出左上勾拳时你的防守位置也降低了，因此很容易受到对手的迎击。

对上的基本打法

前面
侧面

与打左勾拳一样，右半身向前挺出，左半身蓄力。一般的勾拳是从防守位置开始直接出拳的，而左上勾拳是从下向上打出的，所以蓄力时左拳要降低，然后左半身向前，如破竹一般向上打出左上勾拳，就像要用拳头刺穿对方的喉咙那样。

对下的基本打法

前面

侧面

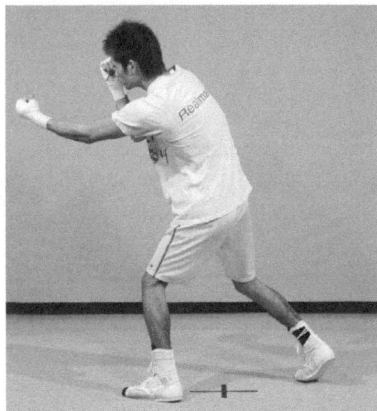

这种打法与对上的基本打法一样，在打直拳或勾拳时需要弯曲膝盖调整高度，但是打左上勾拳时并不需要弯曲左膝，与对上的打法只有拳头轨迹上的区别。

野木笔记

左上勾拳就是把拳头向上刺！

1 用右手隐藏自己的左拳

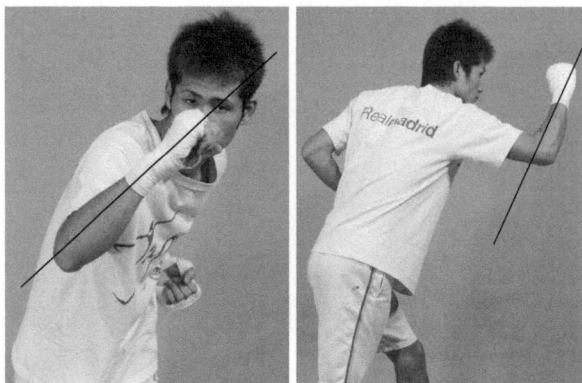

因为在打出左上勾拳时需要降低自己的防守位置，所以被对方击中的概率很高。因此可以降低危险性的右手应用技术应运而生：将自己的右臂向前伸，遮住对手视线，从而隐藏左手的位置。

2 从不会受迎击的位置出击

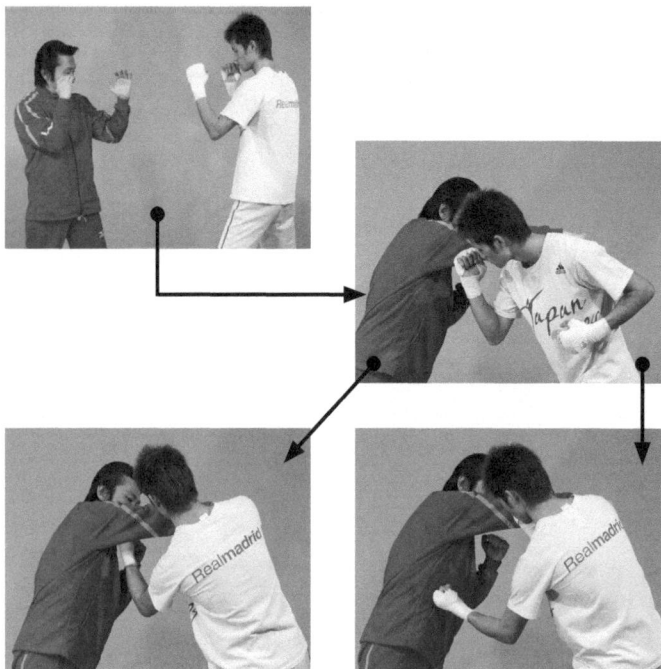

与上·个要点相同，因为打左上勾拳时自己的防守位置降低了，所以必须要从受对手迎击可能性低的位置出击。相信看完左侧的示意图你就会明白，对手的右直拳打不到的地方=先将身体向左避开对手，再瞄准他的面部或腹部出击。

作为刺拳使用

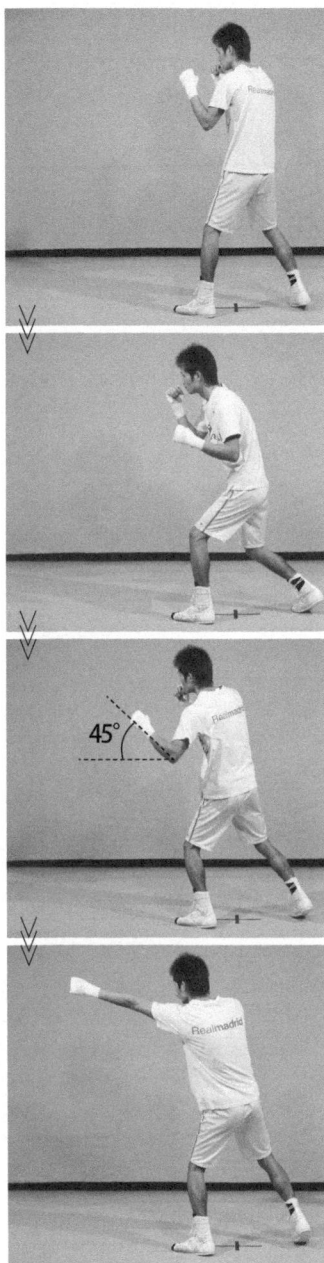

因为左上勾拳是前手出拳，所以与左直拳一样可以用作刺拳。此时，不用像对上的基本打法一样蓄力，只需要将左手向上倾斜成45°，然后像对手在很远处一样笔直地突刺出去。

大幅度摆动肘部出击

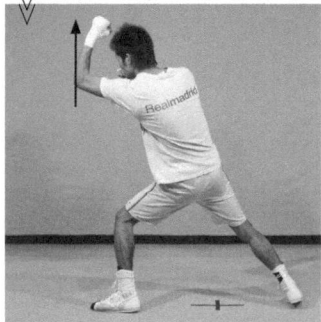

前面说到对上的基本打法就像是用拳头刺过对手的喉咙一样，这里再说一种蹭过对方身体的打法。做好准备后，左肘先远离自己的身体，然后向前摆动，当拳头接触到对手后，沿着他的身体向上打左上勾拳。相比于基本打法，采取这种打法时肘部要保持小于90°的弯曲。

| 要点 ☆ | 蹭过对手的身体 向上出击 |

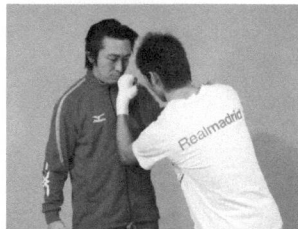

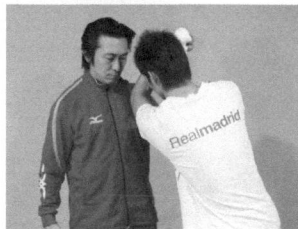

前进一步的同时出击

因为上勾拳是在手臂弯曲的时候出拳的，所以相比于在手臂伸直状态下出拳的直拳，自己与对手的距离必须更近。如果你先前进一步再出拳，就会让对手察觉到你的出拳意图，因此要在前进的同时出击。这种打法的关键点在于前脚脚跟要先着地，然后在重心从脚跟前移到脚尖的瞬间打出左上勾拳。你的出击步骤不是"一、二"而是"一二"，以棒球类比的话就是，一般的左上勾拳就是接大弹跳的球，前进一步的左上勾拳就是接小弹跳的球。

野木笔记

前进一步的左上勾拳

在节奏上

就像是接小弹跳的球。

不是"一、二"而是"一二"的打法示意

Chapter

09 右上勾拳

与左上勾拳一样，右上勾拳像是要顶起对手一样的拳法。
因为是用后手出击的，所以比左手（前手）出击威力更大。

对上的基本打法

前面

侧面

与右直拳相似，但因为你的拳距比打直拳时近了，需要前脚向前迈出一步。然后右拳下降，与左上勾拳一样，像要刺过对手的喉咙一样向上击拳。

对下的基本打法

这种打法也与对下的右直拳相似，但因为你的拳距比打出直拳时近了，需要前脚向前迈出一步。弯曲前腿稳稳站住，调整身体高度，对着目标笔直地突刺出去。

大幅度摆动肘部出击

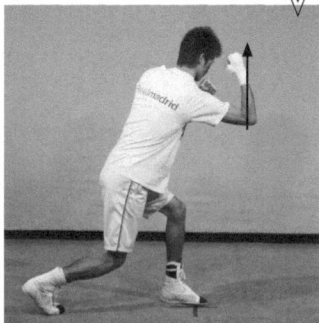

与左上勾拳一样，右上勾拳也可以通过肘部的大幅度摆动来打出不同轨迹的拳头。在一般右上勾拳的动作基础上，肘部向前摆动，然后再向上突刺。正如下图中所示，与左上勾拳一样，沿着对手的身体由下而上出拳。注意一定不能把自己的胸口暴露给对手，你的左手要像抱着一个很大的瑜伽球那样一直挡在胸前。

| 要点 ☆ | 与左上勾拳一样沿着对方的身体向上出拳 |

贴靠着对手出击

在比赛中我们有时会紧贴着或搂抱着对手。这里介绍一种适用于这些场合的上勾拳。如上面的图片所示，当自己与对手搂抱在一起时，需要用头在自己与对手之间尽力地制造空隙，然后将拳头拧转挤入空隙打出右上勾拳（A、B）。如右侧图片所示，目标不是对手的脸，而是自己的耳朵，通过对对手来说是死角的狭小空间出拳，这就是有效的一击。

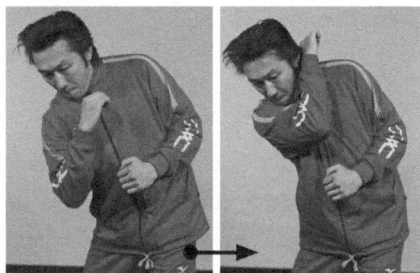

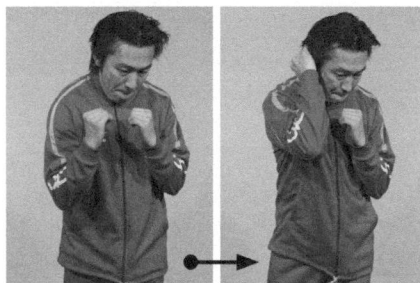

野木笔记

极近距离的上勾拳

要把自己的

耳朵当靶子！

再来通过理论学习一下细节部分的动作要领吧!

问：手腕的角度怎样比较合适?

答：手背与桡骨保持在一条直线上更容易发力。要是偏离了这个角度，力道就会分散，手腕也更容易受伤。但是也有选手会不适应手腕挺得太直，所以具体操作时请考虑到自身情况。

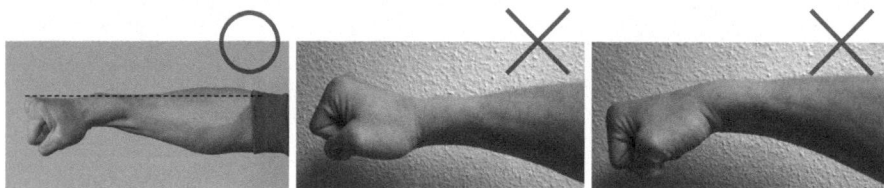

问：什么时候需要翻转拳面，什么时候又不需要呢?

答：首先需要翻转拳面的情况是你扭转拳头，想把对手的头打得甩出去时（p.49、p.61）。当因为手套太大，对手的格挡妨碍到你时，不用翻转拳面直接打出去就能突破对方的防守。因此要不要翻转拳面要看你打什么拳和当时的具体情况而定。

也有拳头横着被格挡住（右侧上方图片），侧过来就能突破防守（右侧下方图片）的情况。

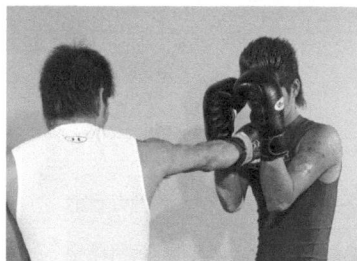

问：哪个时间点握拳比较好？

答：在摆架势的时候并不用握拳（右侧图片），握拳和相机的焦点一样，离击中对手的时间点越近，拳头的威力越大。有些选手握力很大但是出拳没力量，很大程度上是因为握拳的时机不对，或是在摆架势的时候就握得紧紧的，抑或是在击中对手前就握好了。要是过早握拳的话，就会在击中对手前达到蓄力的最顶峰，击中时力量已经变弱了。就算感觉到了自己握拳的力量，拳头也没有威力。所以说握拳时间越短越好，握拳时间过长的拳一定不是好拳。

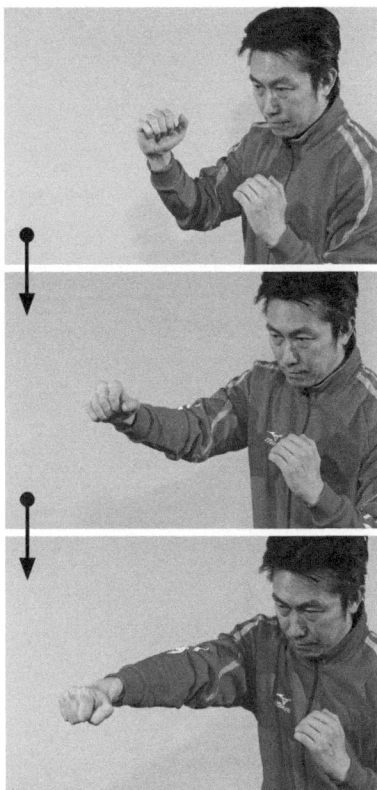

问：能通过练习来掌握握拳时机吗？

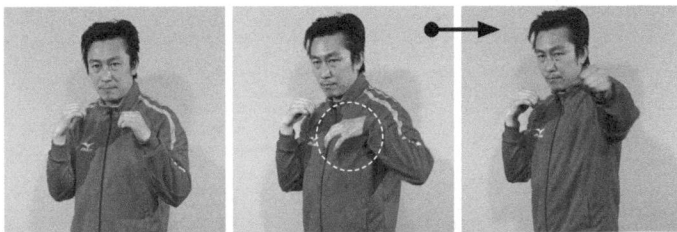

答：我们可以通过打想象拳来掌握握拳时机。练习时可以用力握拳，让自己听到握拳的声音，从而摸索出这个时机。你也可以在摆架势时故意将手掌完全打开，然后再做握拳练习。另外要是握拳不快的话是不会出声的，所以一定要快速握拳！

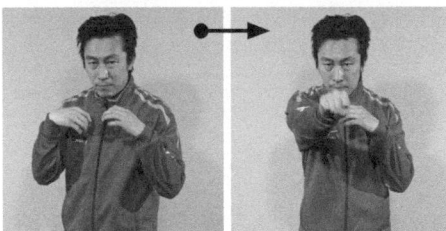

问：在打右直拳后打左勾拳，有必要向前一步吗?

答：右直拳和左勾拳的拳距是不一样的。理论上来讲，左勾拳能打到的距离比右直拳更近，所以在同一位置下打出右直拳和左勾拳，左勾拳是打不到对手的。你自己在打想象拳练习时，也会感觉到打完右直拳之后如果不移动身体直接打出左勾拳的话，是打不到对手的。另外拿着拳靶帮助练习的那一方也不能在被右直拳击中后主动向前去接左勾拳，而是选手自己打完右直拳后向前再打出左勾拳。但是实际比赛中也有在打出右直拳后，对手被引诱向前，然后你直接打出左勾拳也能命中对手的情况。所以在练习时你必须考虑到具体场景——针对练习。

左势拳手曼尼·帕奎奥（右）在打出左
直拳后接着打出右勾拳，狠狠地击中了
对手的下巴。只有敏捷的前进步伐和精
准的距离感相配合才能造就这种技术。
© 福田直树

Chapter
10 防守
✳ ✳ ✳ ✳ ✳

防守和进攻同样重要。

这一章就来介绍一下基本防守方法与我个人总结出的各类防守的技巧要点。

拍击防守

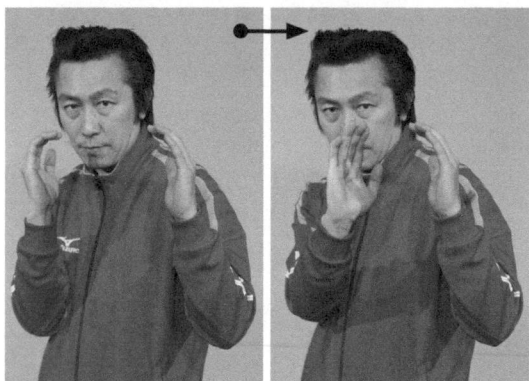

这个防守姿势主要用来应对直拳，用手掌来拍击对手的拳头。摆好架势后，用手拍击对手打来的直拳，从而改变他拳头的轨迹。拍击时就算稍微改变一点对方的拳轨也能达到很好的防守效果，所以要尽量减少动作，不让对手发现自己的防守意图。手要稍微向前伸出，手掌侧向外，然后向下拍击改变对手的拳轨，给人以这个动作"微小而有劲"的感觉。另外，拍击对手的左拳时要用右手，拍击右拳时要用左手。

野木笔记

微小而有劲地

改变对手的出拳轨迹！

应对左直拳的拍击

应对左右直拳交替攻击的拍击

要点 1

放下前臂易受还击

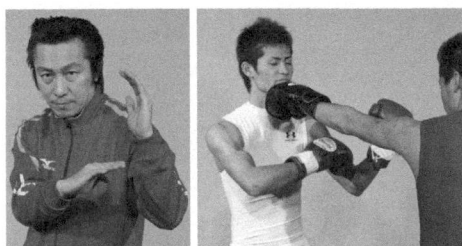

不能为了改变对手拳头的轨迹就做大幅度动作。对手做假动作时，你如果以手肘为支点把整条前臂都向下拍击阻挡的话，你的面部就完全暴露了。

要点 2

交叉阻挡的危险性也很高

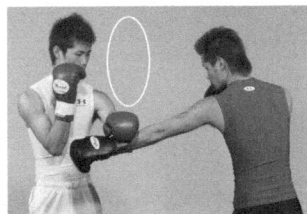

此外，如果你用左手拍击对方的左拳，用右手拍击右拳（交叉阻挡），那么危险性也是很高的。比如说你用左手拍击对手的左直拳，那么你的头部左侧就完全空防了，对手要是趁机打出右直拳，你根本就来不及反应。

格挡防守

右　　　　　　　　　　　　　　　左

格挡防守用于应对勾拳等横向来拳。简单说就是抬高自己的手臂阻止（格挡）对手的拳头。而且不仅仅是抬高手臂，还要将自己的拳心朝向对手，手臂要稍向外侧移动弹开对手的拳头。但如果对手的勾拳瞄得很准的话，就有可能越过你的防御，此时就要用自己的前臂轻轻推开对手的前臂以挡开来拳了。

问：不能抬高手臂抱住自己的头部来进行格挡吗？

答：这当然是可以的。如图所示，要是让对手完全没有落拳之处的话，就能起到很好的格挡效果。但是我在前面也说过，对手可能会把拳头挤进来，连带着你的防御全部会被破坏，所以请把它当成一种普通的格挡技术来用就好（并非万能或坚不可摧）。

应对左勾拳的格挡

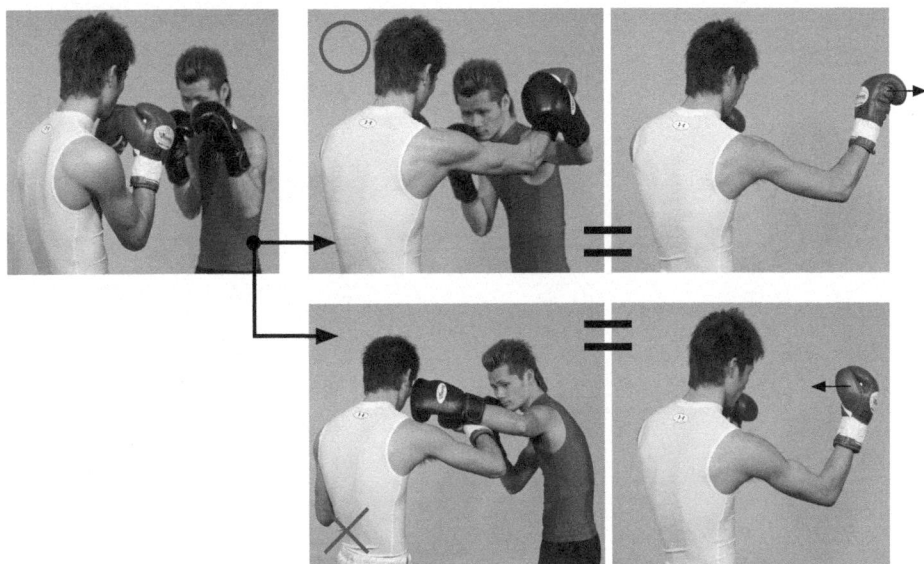

格挡时若是手背朝向对手的话，有时会很危险。手背朝向对手的话，你的手臂力量会变弱，如果对手的打击力量很强，你用来格挡的整条手臂都会被他的勾拳推开，虽然免受了直接的攻击，但你的身体会失去平衡，很容易受到对手的追击，而你也失去了组织反击的机会。

应对右勾拳的格挡

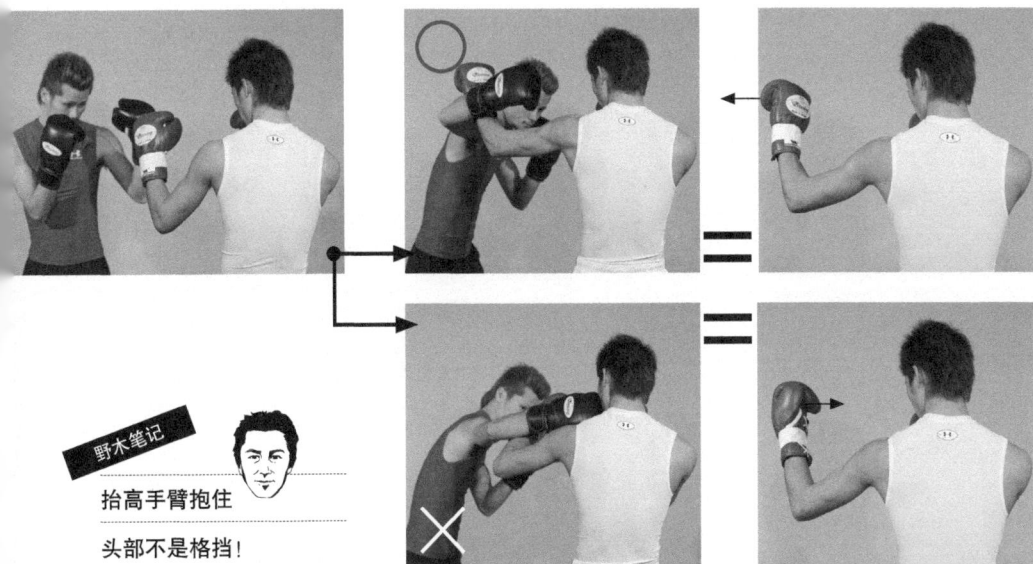

野木笔记

抬高手臂抱住

头部不是格挡！

头部闪避

应对左直拳的头部闪避

这是和拍击防守一样用来应对直拳的防守方法。在对手的拳头快要擦到自己耳朵这种千钧一发之际，通过最小幅度地晃动身体进行闪躲。

前面

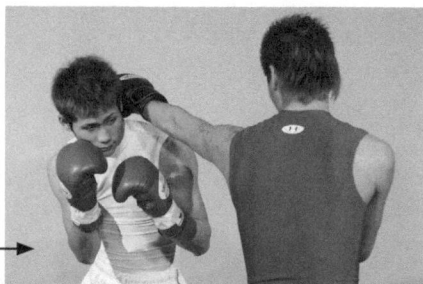

背面

向内侧的头部闪避要注意头部的位置

○

×

头部的位置在正三角形的顶点上方

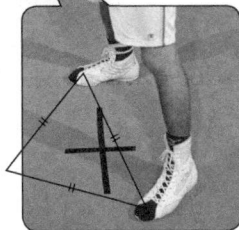

要是头部的位置错了……

把头部向自己的内侧闪避时必须要注意位置。例如，在向内侧闪避左直拳时，可能会接着受到右直拳攻击，但如果此时你把头部向后躲避的话，就是把自己的脸往对手的拳头发力最猛的位置送了。所以向内侧闪避时，正确的头部位置应该是在以自己的两脚连成的直线为一条边的正三角形的顶点上方。

摆好防守架势时也能动起来

在做头部闪避时，降低防守的架势能让自己的上身运动更灵活（上方图片），所以有些选手会选择这样做，可是你的架势降低后，受到第2、3次攻击的危险性就会变高。防守架势不变的同时做头部闪避（下方图片）虽然有些难度，但反复练习的话也是能够掌握的。

后仰闪躲

上身向后仰来躲避对手的拳头。只后仰上身也能起到防守效果，但如果后脚后退一步的话，防守的准确度会大大提升，与下一个动作的衔接也会更加顺畅。

要点 ☆
感觉就像是颈部被向后拉扯

经常有选手在做后仰闪躲时，呈整个头部后仰、下巴往上抬的姿势。为了避免这种错误动作，请在后仰时想着有人在向后拉你的脖颈。要注意并不是头顶而是脖颈被拉向后方，有了这个意识的话自然也就知道收下巴了。

摇闪防守

降低身体重心，头部沿右图中的U形线条运动来躲避对手的攻击。这种方法主要用于应对勾拳，头部像迎着对手的拳头而去一样向侧边运动，让对手的勾拳打空。整个动作不仅需要上身往边上侧，更要灵活运用膝盖来"下潜"，时刻意识到像画U形线一样运动。

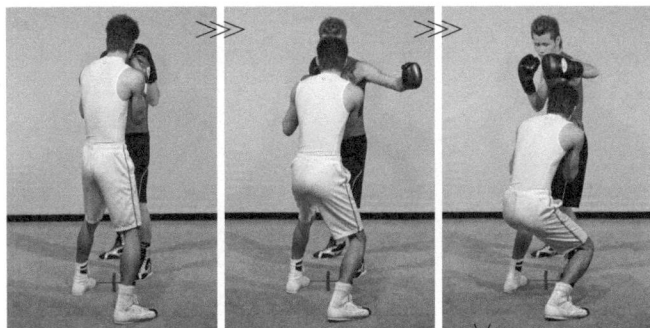

应对左勾拳的摇闪防守

应对右勾拳的摇闪防守

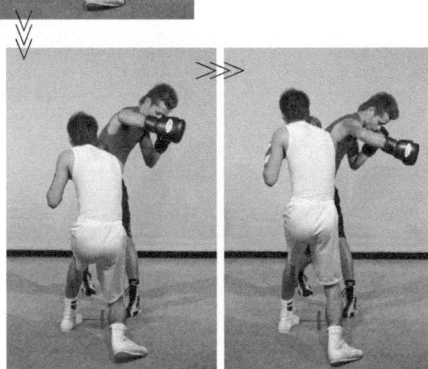

闪躲防守

闪躲防守是指头部或者上身直线下降的防守动作，多用于应对直拳和勾拳。以髋关节为中心，像对折身体一样头部直线下降的防守动作叫作闪躲，头部做U形运动的叫作摇闪。

和环绕步并用效果更佳

组合使用闪躲防守和环绕步（p.33）可以做到攻防一体。以闪躲来躲过对方的直拳攻击，同时跨出一步闪至对方外侧，以跨出的那只脚为轴心旋转身体至对方身体的一侧。移动到这里后，你就处于优势了。顺便提一句，以这种闪躲为中心的打法风格是因为迈克·泰森擅长而出名的。

侧闪防守

之前介绍的防守方法都不能用的时候，就要用这一招了。当对手的拳头打到自己的脸上时，仅通过转动脖子来让拳头从脸上滑过，从而将所受伤害降到最低。动作要领是脖子不能太使劲，要像脱力了般软绵绵的，让对手像一锤子打在豆腐上一样白费功夫。这是难度最高的防守方法，技术含量非常高。

侧闪的完全形态是迎击

我虽然把侧闪当成一种防守方法来介绍，其实整套侧闪动作应该是一个迎击的过程，侧闪躲过对手攻击后，顺势打出拳头迎击对手。这可以说得上是扭转乾坤、攻防一体的技术了。

（文责：编辑部）

巧妙使用侧闪防守的内藤选手

提高击中率的技巧

Chapter 01　组合拳

拳击是一种只能攻击对手上半身的格斗比赛。
在拳击中要想钻对手防守的空子并且击中他，
重要的是组合使用多种拳法去进攻。

攻击内侧的左右直拳交替猛击

侧面

在左右直拳连续出击时，打左直拳的时候要把身体稍稍向内侧扭转（胸部微含）。这样一来你的右拳还在对手的防守范围内，接着直接打出右直拳的话，就能够突破对方防御击中他的面部。

背面

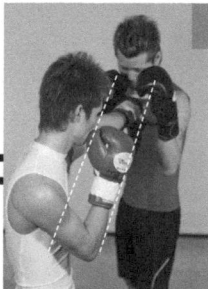

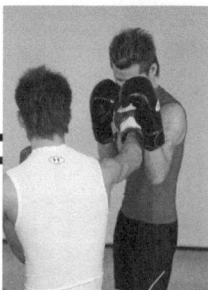

问：打开胸部的话连击就打不中了吗？

答：要是身体不向内侧扭转，也就是正面对着对手打开胸部，假设对手此时左手是在正确的防守位置，那么你打出的右直拳就会被他的左手挡下，很难直接击中要害。很多选手为了打出的右直拳不被对手的左手干扰，会采用从外侧回转出击的打法。而为了直接在内侧左右连击打中对手，微含胸部来确保右直拳的拳轨短而犀利是很有必要的。

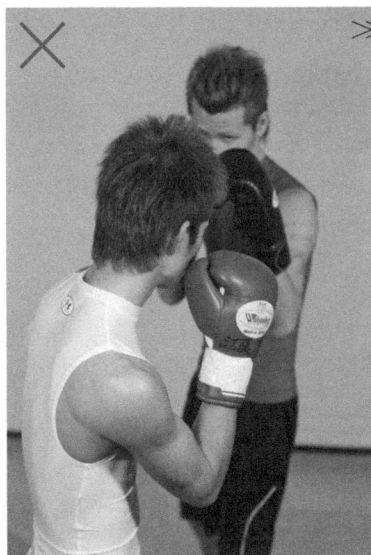

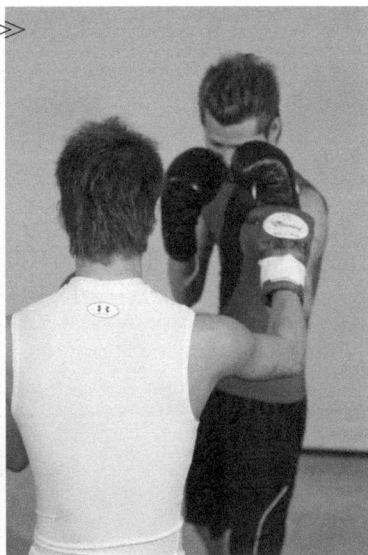

通过扭转身体来开辟拳轨

在打出左直拳的同时扭转身体，使自己的右拳处在对方的防守范围之内，尽可能地通过和左直拳相同的轨迹打出右直拳。

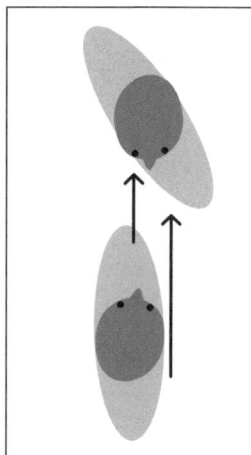

要是打出左直拳时左脚向外踏的话，你在连击时对手是能看到你的胸部的，这样从不同的两点连续打出的拳头对于对手来说是很容易看清的。

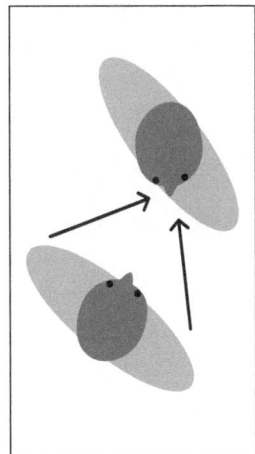

右直拳接对内的左勾拳

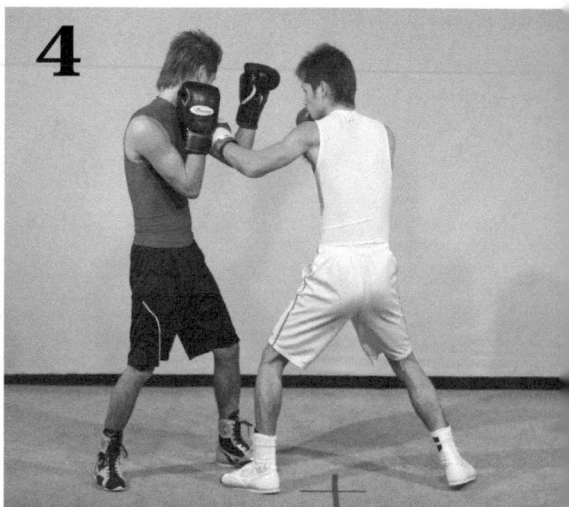

在右直拳与左勾拳连击时，左勾拳经常是从外侧击中对手的。但这样的话就很有可能被对手的防守挡下来，所以要瞄准对方的防守空隙突刺一般直接打出左勾拳。这样的左勾拳距离最短，要是加快速度像左右直拳连击一样出击的话效果更佳。

☆

向前突刺时腋下微张

为了从对方的防守空隙间突刺打入左勾拳，必须动作紧凑，减小幅度。打出右直拳后回旋击出左勾拳时，腋下不能张开过大，像向前突刺一样打出左勾拳。

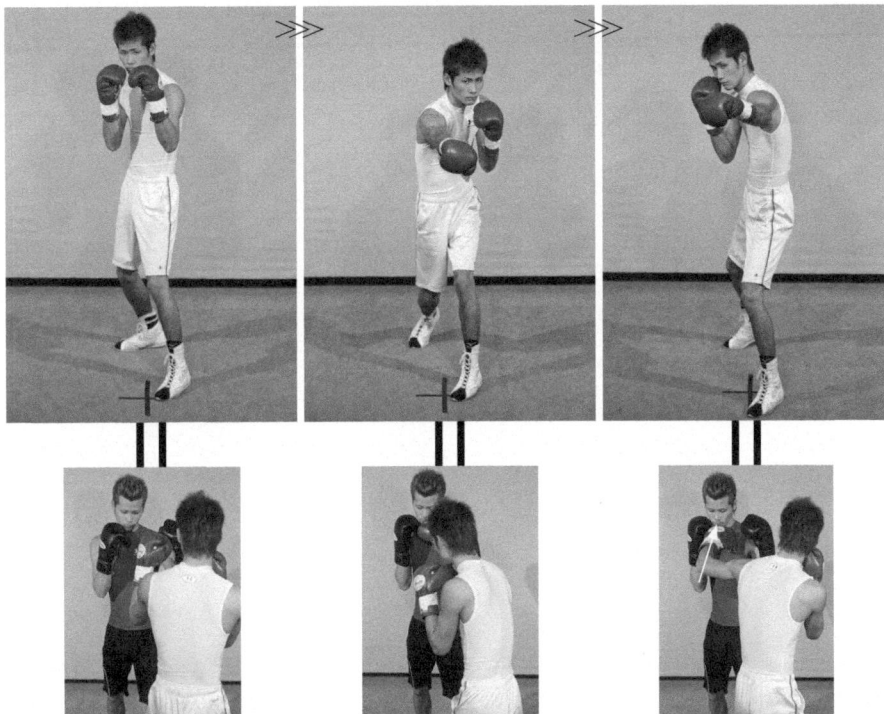

一般情况下右直拳接左勾拳是……

打出右直拳后，从旁边回旋而出左勾拳。与上图对比后你就能发现，左图中左勾拳的轨迹是不同的。要学会区分使用从内侧击出和从外侧击出的左勾拳。

对角线组合拳（左腹部勾拳接右勾拳）

打出一拳之后对准离这一拳位置最远、对手防守意识最薄弱的地方打出第二拳。这类组合拳中最具代表性的便是左腹部勾拳接右勾拳了。攻击的两点中，一处在左斜下方，另一处在右斜上方，恰好在对角线上。

打出右勾拳前一瞬
要将身体打开

攻击对手的左侧腹部之后右勾拳会距离对手的面部非常近，所以为了打出有威力的一拳，必须巧妙活动自己的身体。关键点就在打出左腹部勾拳后的一瞬，在接着打出右勾拳之前极短暂的时间内，你要将自己的身体向左侧打开。这样一来你就能蓄力打出有威力的右勾拳了。

野木笔记

通过打开

身体给右勾拳蓄力吧！

对角线组合拳（左勾拳接右腹部勾拳）

刚刚我们介绍过左腹部勾拳（左斜下方）接右勾拳（右斜上方）的对角线打法，这里再介绍一种与之正好相反的组合拳，先自左斜上方用左勾拳攻击对手面部，接着用右腹部勾拳攻击右斜下方的对手腹部。

◑ 另一个角度

在身体和手臂动作的时间差内运作右腹部勾拳

在左勾拳接右腹部勾拳的过程中，为了打出强有力的右腹部勾拳，身体必须先蓄力。为此我们可以在打右腹部勾拳时先动身体，稍稍延迟右手的动作以制造时间差，然后像绞起右臂一样打出右腹部勾拳。

就算左勾拳被躲闪过去了……

这套组合拳就算左勾拳被对手躲闪过去了，也是有效的。对手为了躲避左勾拳会低下头，而此时你打出右腹部勾拳的话，就会正好击中他的面部。所以这套组合拳可以说是非常有效了。

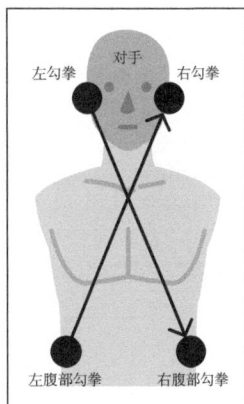

左手的单手连击拳法

左上勾拳→左勾拳

之前介绍的都是两只手相互配合的组合拳，其实也有只用一只手打出组合拳的方法。例如通过组合使用攻击对手内侧的左上勾拳与攻击对手外侧的左勾拳来瓦解对方的防守。

左勾拳→左腹部勾拳 →左上勾拳→左勾拳

这种方法的攻击位置有内外之分，又可以从面部和腹部多角度进攻，所以组合的拳法数量就有很多了。用左勾拳攻击对手面部时，对手就会抬高手臂来防守，然后就用左腹部勾拳攻击他暴露出来的腹部，当对手想要转向防守侧腹时，以一记左上勾拳突刺入他两手间的空当，最后用一记左勾拳从他的面部外侧进攻。仅用左勾拳和左上勾拳两种拳法就能完成这么复杂的组合拳。

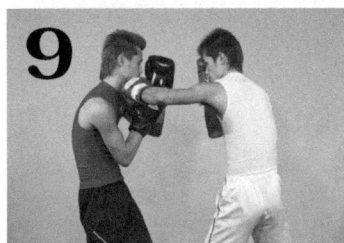

站 的 位 置 往 侧 边 稍 偏

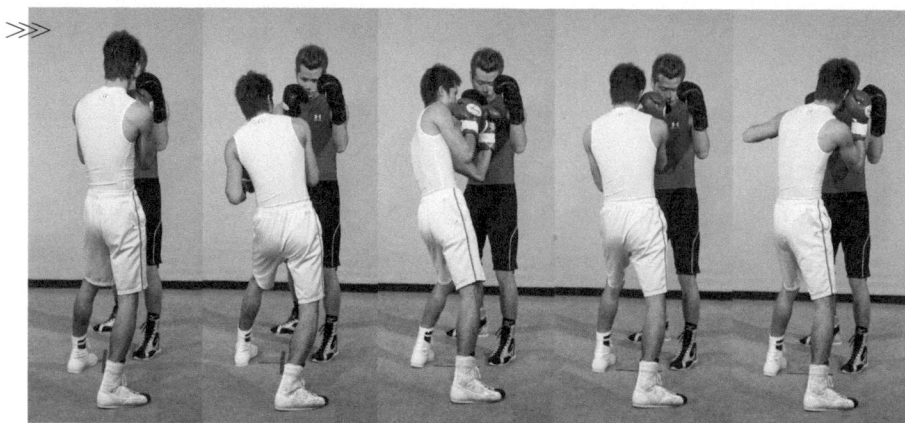

正对站立的危险性

往侧边站的话……

在组合拳中用到勾拳或者上勾拳时，如果站在对手的正对面，被对手击中的危险性极高。因此，如果对手是右势拳手，就偏向对手的右拳没有杀伤力的位置，即头部稍稍向外侧移动，然后找一个轴点出击，也就是让对手感觉拳头是从侧面袭来的位置。如果能在这个位置内外兼顾地出击，就能达到保证自身安全的同时扰乱对手防御的目的。

站在侧面的话需要注意的只有对手的左侧

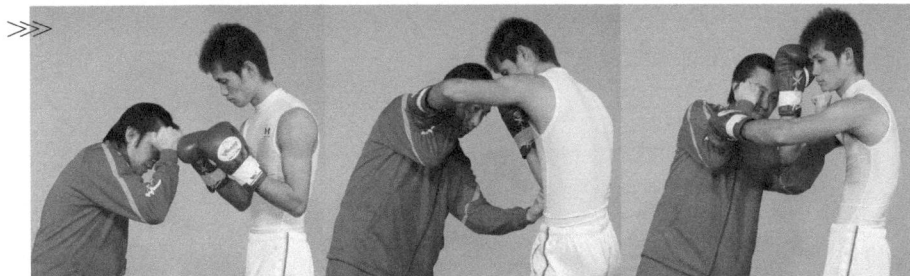

要是站在对手右拳的外侧，那么受到他右拳（重手打出的拳头）攻击的危险性就大大降低了。只需要集中精力应对他的左拳就可以了。

利用环绕步时刻保持站位的优势

借着打出左勾拳的契机，通过环绕步（p.33）移动到对手外侧的话，就能完全绕至对手的侧面，也能保持自己站位的优势。

野木笔记

站在侧面的话

视野会清晰很多！

王金汉式单手连击

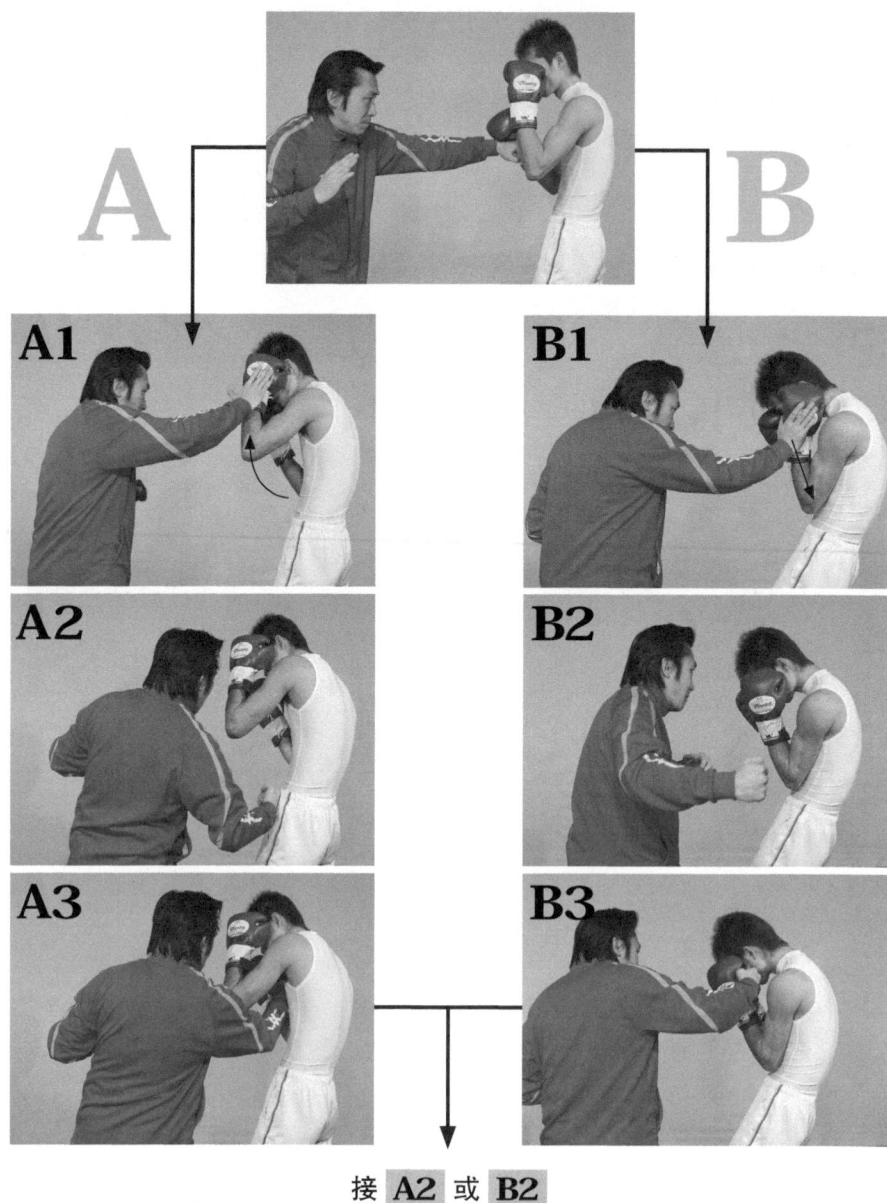

接 **A2** 或 **B2**

擅长这种站位和连击打法的是颇有名气的拳王王金汉（第37代WBC蝇量级世界拳王）。作为左势拳手的王金汉在面对右势拳手时，会先以一记左直拳突袭，然后绕至侧面用右勾拳重击对手。如果此时对手抬起手臂，张开腋下（A1）来防守，就朝他腋下的空隙（A2）补一记右上勾拳（A3）。要是对手没有张开腋下而是曲起背部防守的话，就用右勾拳（B3）瞄准他左臂向下缩之后露出的空隙击出（B2）。这就是王金汉式的单手连击打法。如果对手为防住自己的右上勾拳腋下紧闭，就按（B2）·（B3）的顺序打出右勾拳；要是他为防住自己的右勾拳抬高手臂，就按（A2）·（A3）的顺序打出右上勾拳。如此循环，将对手逼进死胡同里。

王金汉用右勾拳和右上勾拳的连击将内藤大助逼入绝境。

右手的单手连击拳法

右腹部勾拳→右直拳
（图片中右侧的选手）

右手的单手连击是以左勾拳开始的。最开始先打出一记左勾拳，然后接右腹部勾拳。在对手为了躲避右腹部勾拳后退时，再来一记右直拳。

右直拳→右上勾拳（图片中左侧的选手）

这套拳法和p.110的拳法相反，先打出右直拳，再从内侧打出右上勾拳。如图所示，就算右直拳被挡下了，也能用右上勾拳瞄准对手双臂间的空隙击出。和左手连击一样，不同的攻击位置（内外、面部和腹部）与拳法能组合成无数种右手连击拳法。这里介绍的不过是一种有代表性的组合方式而已。

组合方式多样，单手连击种类无限。

野木笔记

擅长右侧单手连击的是 K-1MAX 前世界拳王魔裟斗。图片中魔裟斗（右）使出了他的绝技——右直拳接右上勾拳的组合拳。

采用诱攻的组合拳

用右直拳诱攻接着打出左勾拳
（图片中右侧的选手）

故意打出对手会做出反应的诱攻，然后在对手还击时击中他。尽全力打出右直拳故意让对手防住，并让他警惕自己的右直拳。接着打出没有力道的右直拳，故意给对手伺机还击右直拳的机会。等对手钻进圈套打出右直拳时，你就正好用左勾拳迎击他。将右直拳作为诱攻的目的是让对手打出右直拳。

左勾拳被格挡后以右直拳击中（图片中左侧的选手）

让对手为了格挡自己的左勾拳而失去平衡（图片中左侧的选手）

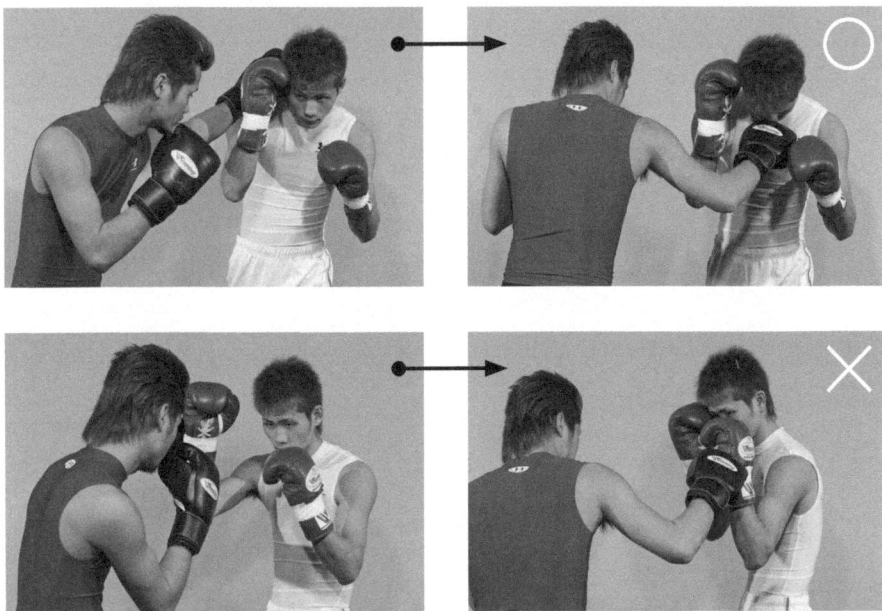

故意让自己的拳头被对手格挡住，使真正想击中他的那一拳恰好命中。首先故意打出对手能格挡的左勾拳，但这仅仅只是诱攻，接着用与对手接触的左臂将对手同他格挡用的右臂一起推开，来破坏他的平衡。将对手推到自己的右直拳正好能击中的位置，打出右直拳。一开始打左勾拳的目的并不是击中对手，而是破坏他的平衡，真正要击中他的是右直拳（上方图片）。要是左勾拳推挤对手时不用力，对手的姿势没有被破坏，自己的右直拳就会被防住（下方图片）。

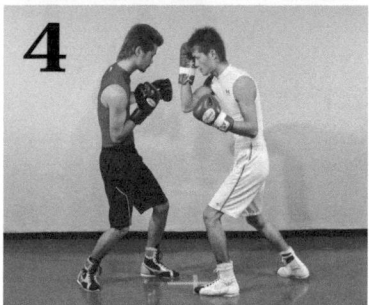

左腹部勾拳诱攻、左勾拳命中
(图片中右侧的选手)

先打出不用力的左腹部勾拳让对手格挡住。当他挡下左腹部勾拳后一般会以左勾拳还击，此时你可以在加强右侧防守的基础上打出左勾拳。因为对手是在格挡了左腹部勾拳后打出左勾拳反击的，所以他的面部防守一定很薄弱，你就应该对着这边打。通过引诱对手还击，给自己制造攻击的机会。

诱攻！

另一个角度

1

如果你打出左腹部勾拳后，对手不是以左勾拳而是右上勾拳来还击的话，就顺势将作为诱攻的左腹部勾拳作为左勾拳向前打去。必须根据自己打出左腹部勾拳后对手做出的反应来调整进攻方式。所以在拳击中组合拳或者还击的方式绝不是一成不变的。接连使用这些精妙的攻防战术的实战，就是高级别的技术型比赛了。

2

诱攻！

3

4

=

另一个角度

Chapter 02

右势拳手、左势拳手的应对战略

在拳击中，必须根据对手的架势来组织攻击与防御。

在面对与自己相同架势、不同架势的对手时，攻击和防守的方法有所不同。

右 势 拳 手 VS 右 势 拳 手

**基本站法是大脚趾在
一条对冲的直线上**

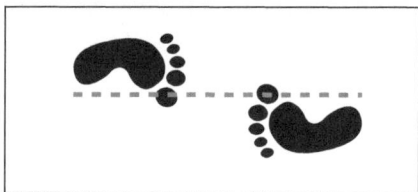

零风险出刺拳（左直拳）

自己的大脚趾和对手的大脚趾像要对碰一样站在一条直线上。以此为基础，可以将自己的前脚移动到有利的位置。为什么这个站位是最基本的呢？因为在拳击中常常会把左直拳用作刺拳，当双方的大脚趾站在对冲的直线上时，自己打出刺拳的同时受对手右直拳攻击的危险性就大大降低了（右上图片），而且当对手还击刺拳时也很容易挡开（右下图片）。所以这是一个让刺拳没有风险，非常适宜出刺拳的站位。

要是双方的小脚趾在
一条对冲直线上的话……

刺拳容易被右直拳盖过

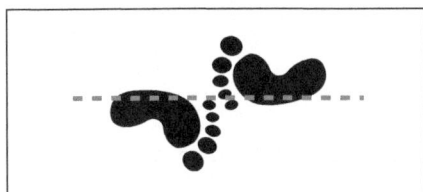

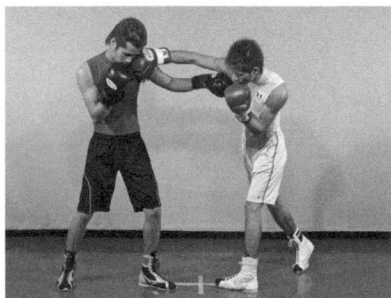

既然双方的大脚趾站在对冲的直线上是
基本站位，那双方的小脚趾站在对冲的
直线上，就是左直拳很容易被右直拳盖
过的站位了。如果在比赛中自己和对手
是这样的站位，右直拳（右交叉拳）攻
击会很有效。

在 K-1 和修搏比赛中十分活跃的安迪·苏瓦，经常使用右交叉拳迎击对手的刺拳。

117

如果大脚趾的位置在对方双脚之间的话……

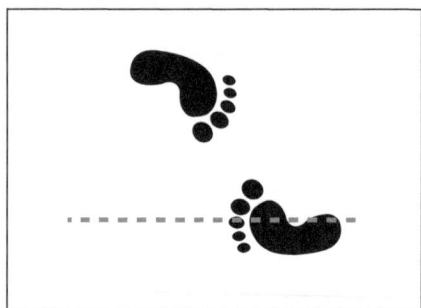

如果自己大脚趾的位置在对方的双脚之间的话，双方相比基本站位时更偏正面相对，刺拳也更容易正面击中对手。要是在比赛中你和对手是这样的站位，那么强有力的刺拳将是很有效的攻击手段。

此时你能打出杀伤力巨大的刺拳！但是，也更容易受到刺拳反击！

注意！

两 个 右 势 拳 手 对 战 ， 机 会 = 风 险

以上我都是假设自己在攻击的位置上进行解说的，但是所谓右势拳手VS右势拳手，就是对手和自己也是同样的架势。也就是自己容易攻击的位置=容易受到对手攻击的位置，所以在组织进攻时必须时刻小心谨慎。站在双方大脚趾对冲的基本位置后，一定要先出拳试探，边判断比赛情况边组织适宜自己的进攻。

移动到基本位置的练习方法

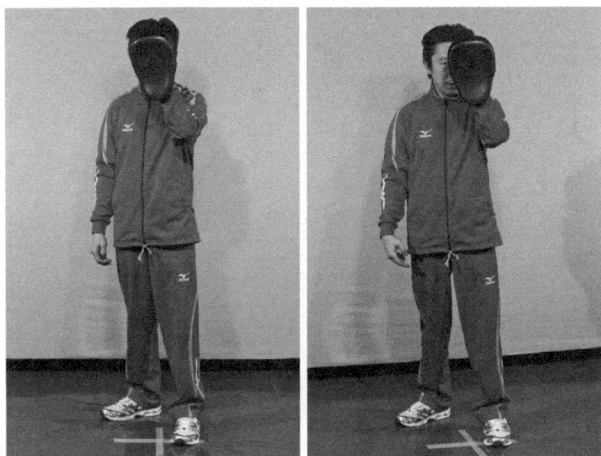

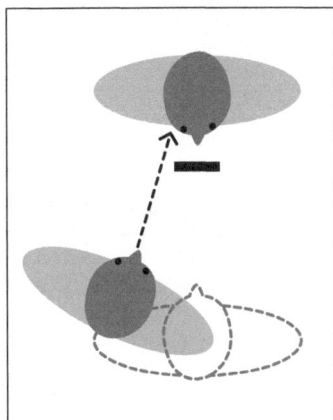

这里介绍一种移动到基本站立位置的练习方法。首先让搭档把拳靶举在面部前方，让他在遮住面部的同时朝各个方向运动，自己则随着搭档一起运动，随时移动到能看到搭档右眼的位置。这个位置正好使得双方的大脚趾在一条对冲的直线上，那么这个练习也自然就成为移动到基本位置的练习。在实战中我们是不会有时间去看自己和对手的脚部位置的，所以需要通过以上练习来掌握移动到基本位置的方法（使用沙袋的练习方法见p.158）。

野木笔记

看到右眼就出刺拳！

右势拳手VS左势拳手

应对左势拳手时最好绕至他的外侧

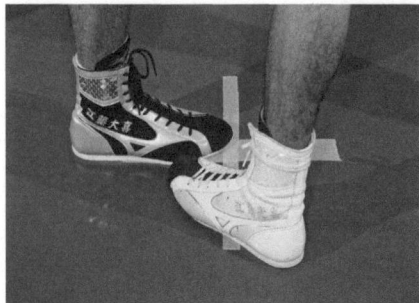

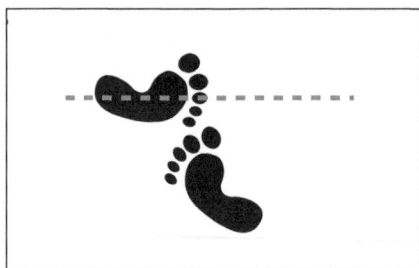

有理论表明如果对手是左势拳手，而自己是右势拳手，应该绕至对手的外侧。站在对手的外侧后，出右直拳会更加方便，还能从对手的死角（外侧）打出勾拳。另外，站在对手外侧，受他左直拳攻击的风险也会降低。但这毕竟只是应对左势拳手的战略中的一种，并不是绝对有用的。

右直拳、左勾拳容易击中对手

不易被对手的左直拳击中

确实是有好处，但……

"应对左势拳手要绕至他的外侧"

已经过时了！！

应对左势拳手时绕至其内侧的
攻击方法倒有几个。

详情请看下一页！ ▶

应对左势拳手绕至其内侧进攻

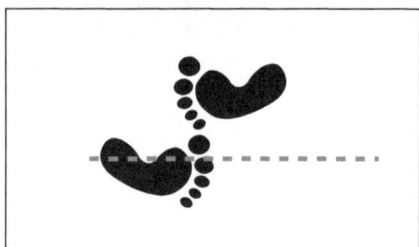

近年来，有些选手在对战左势拳手时会故意选择站在内侧。站在对手的内侧后，自己就与对手正面相对了，受其左直拳攻击的危险性也会相应变高。但是只要防着对手的左直拳，这个距离也会使自己的攻击更有效。

> 要点
> ☆

对战左势拳手时的防守位置

在对战左势拳手时，如果自己站在内侧，那就必须防着他的左直拳。这种情况下，相比于一般的架势，你需要将右手向中间收，差不多放在自己面部的正前方。这样你的右手就能拍开或者格挡住对手的左直拳了。

一般

一般

对战左势拳手

对战左势拳手

自内侧以刺拳击中对手

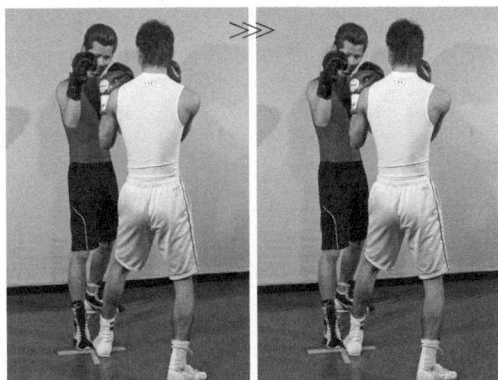

站在对手的内侧后受其左直拳攻击的危险性会增加，但从他的防守空隙间打出刺拳的机会也增加了。可以将自己的左拳置于对手的防守中央，以刺拳突破直击内里。

用右直拳盖其左直拳

另一个角度

另外如果对自己防御左直拳的能力有信心的话，还可以故意绕至对手内侧引诱对手打出左直拳，然后头部向外闪避这一拳，顺势打出右直拳还击。反过来利用对手击出的左直拳，获得组织还击的有利位置。

123

☆ **右势拳手VS左势拳手时的头部闪避**

头部向对手的正面闪避很危险

右势拳手在面对左势拳手时，头部向对手的正面（出击拳的内侧）闪避是很危险的。假如说在应对对手的后手直拳时你将头部向对手的正面闪避，你就进入了对手的视野范围内，很容易受到他前手拳头的追击（上方图片）。另外如果对手的拳头如勾拳一般打出的话，会像追着你闪避的头部一样击中你（右侧图片），这是非常危险的。

头部向对手的背面闪避较安全

向后摇避

右势拳手在面对左势拳手时，头部向着对手的正面闪避难度是非常大的，没有自信的话不要轻易尝试。而向后摇避或向对手的背面（对手拳头的外侧）闪避相对来说安全性更高（※此处的说明图片是左势拳手一方的实际演示）。

当右势拳手面对右势拳手时，在应对对手的利手直拳（右直拳）时，头部向自己前脚的外侧闪避（右侧图片）是比较安全的。与右势拳手面对左势拳手时相反，向这个方向运动才是闪避到了对手的背面（拳头的外侧）。从这个位置用上勾拳攻击对手的肝部或者下颚可以说是一个还击定式了。

用作刺拳的右直拳接左勾拳

这个技术动作和p.112的相似，右直拳诱攻后用左勾拳击中对手。当把右直拳作为刺拳击出后，对手会在头部闪避或者向后摇避之后回击左直拳，此时你就可以打出左勾拳迎击。总结一下，就是把右直拳用作刺拳诱导对手打出左直拳，从而获得迎击的机会。

右势拳手VS左势拳手时攻击腹部

利手直拳击打腹部中央（心口窝）

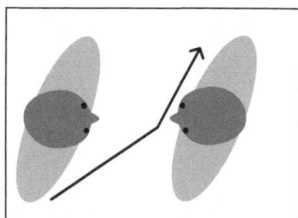

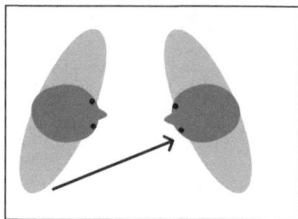

利手直拳击打对手心口（上方图片），在双方都是右势拳手或者都是左势拳手时不常用，但是在右势拳手面对左势拳手时，对于双方来说都是非常有效的攻击。如果双方都是右势拳手或者都是左势拳手的话，拳头是侧对着心口的，出击时很容易从皮肤上滑过（右上方示意图）。但在右势拳手面对左势拳手时，拳头是垂直击中对手的，力量不会散开（右下方示意图）。

攻击前脚同侧的侧腹

左势拳手的右腹

右势拳手的左腹

在攻击对手腹部时，应对左势拳手和右势拳手的方法略有不同。相对于左势拳手来说，右势拳手会把自己的脾脏面向对手，脾脏受创的话不如肝脏那样致命。这样左势拳手就算击打右势拳手的右腹也很难奏效。另外，因为人体的要害之处肝脏只在腹部右侧，所以左势拳手的架势是把肝脏放置在了离对手近的位置，从而很容易被擅长左手腹部重拳的右势拳手盯着肝脏部位打。

右势拳手的左腹部勾拳（肝部重拳）很有效

如图所示，左势拳手的右刺拳如果被对手头部闪避过，接着受到对手左腹部勾拳（肝部重拳）还击的话，受创是极大的。所以左势拳手在面对擅长左腹部勾拳的右势拳手时，一定要警惕避免受到这一击。

左势拳手对腹部的有效一击=击打心口或肝部

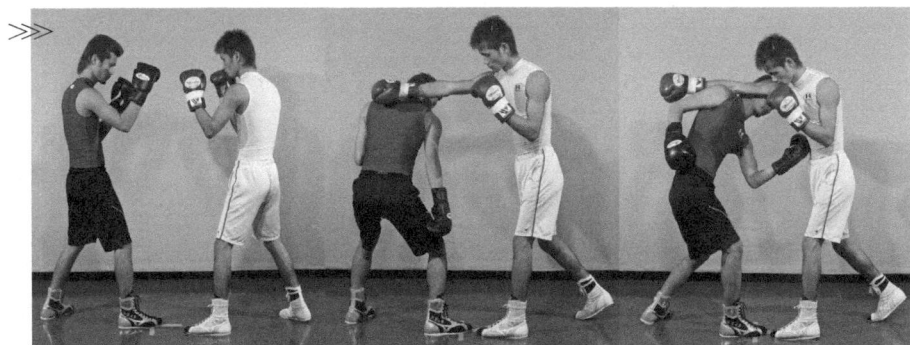

相反，如果左势拳手想要有效地攻击对手的腹部，可以头部闪避躲过对手的右直拳后，利用左手的肝部重拳击打对手的心口或者肝部，如果对手是正面对着自己的，可以用左腹部直拳出击。

近战型、远攻型拳手的应对战略

拳击选手按对战距离大致可以分为两类，一类是擅长近距离对战的近战型选手，另一类是擅长远距离对战的远攻型选手。就像左势拳手和右势拳手之间有差异一样，与这两类选手对战时战略上也有不同。

近 战 型 选 手 的 战 略

堵塞出路逼至角落（围绳）

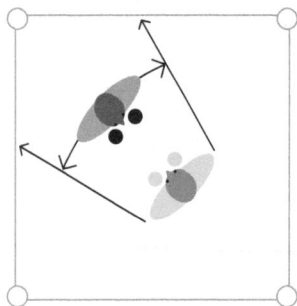

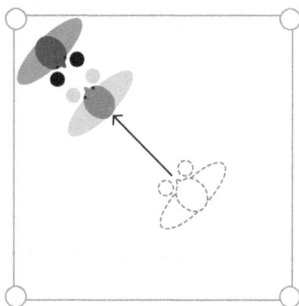

近战型选手的基本战略是将对手逼至角落或围绳边，然后贴着他的胸口出击。为此不是要一直追着对手移动，而是预测对手的动向然后提前堵住他的出路，最终将其逼至角落（围绳边）。

因此近战型选手在实战或者对战练习中会注意察觉对手的动向。

在对手打出刺拳后前进一步

在对手打出刺拳意图保持一臂距离时，你在可以晃动头部躲开拳头的同时，前进一步贴近对手。也可以保持着基本架势摇闪（p.88）躲过刺拳，在不缩小攻击目标的同时贴紧对手的话效果更好。

远攻型选手的战略

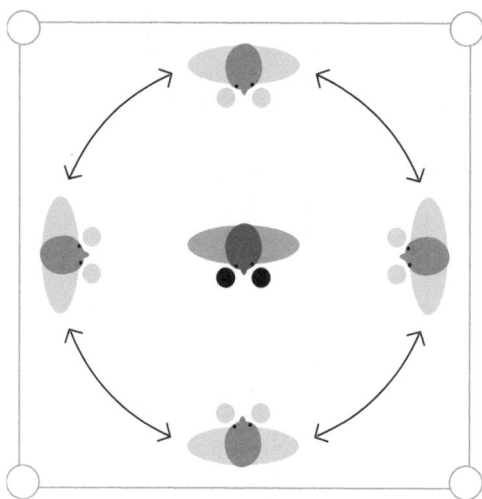

在拳击台上画大圆圈

远攻型选手的基本战略则像是在拳击台上画大圆圈一样运动，主要使用刺拳进攻。要是对手贴近自己了，就向空间较大的方向移动。

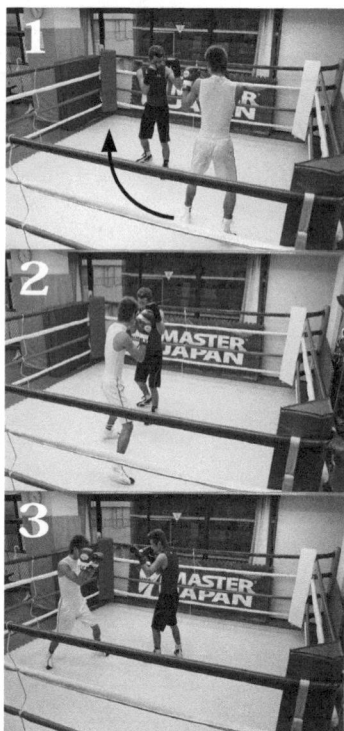

用右直拳攻击向自己靠近的选手

远攻型选手会尽量拉大双方距离，但近战型选手会像第128页所述的那样试图贴近他。对此远攻型选手的战略是以刺拳引诱对手，当对手向前贴近时再击出右直拳。

使用左勾拳环绕至对手外侧

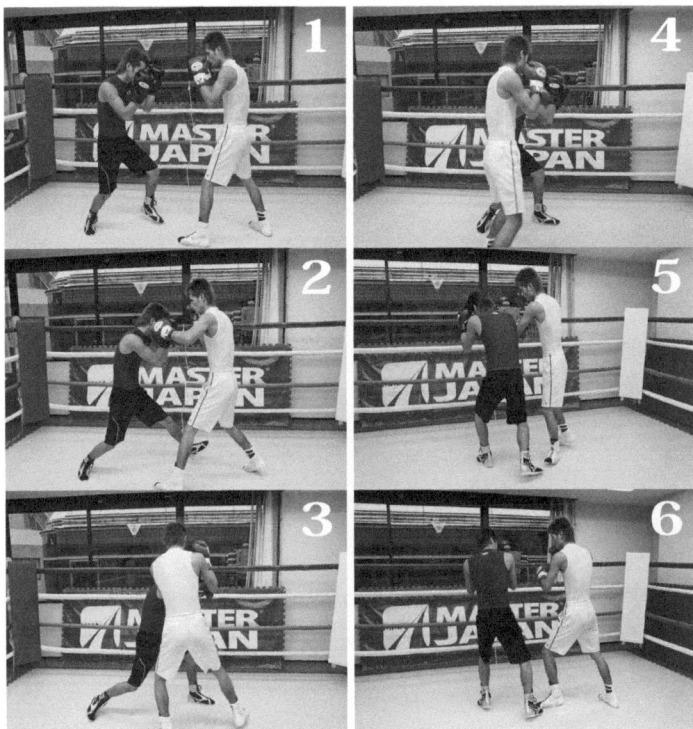

这是一种用左勾拳拉开距离的战术。在近战型选手靠近自己时击出左勾拳，然后以这一左勾拳为基点通过环绕步（p.33）绕至对手的外侧。这里出左勾拳只是为了后续走环绕步，打在对手的防守上也没关系。需要留意的是全力打出左勾拳后利用其反作用力绕转身体。

被逼至角落（围绳）时的逃脱方法

推挤对手的腰部调换位置

就算学了很多战术，在实战中有时也会不慎被逼至角落（围绳边）。遇到这种情况时逃脱方法如下：在对手用右拳攻击背对角落的自己时，左手拦住对手的腰，借力朝外侧绕。然后再用力向角落里推挤对手，自己完全绕至外侧，从而调换双方的位置。

推挤对手的肘部调换位置

相比于推挤对手腰部的逃脱方法，这个方法的动作幅度更小。在对手用左拳攻击背对角落的自己时，用右手推对手的肘部，这样一来对手的身体平衡就被破坏了，双方站位得以调换。位置调换之后自己就占据了有利局面，可以马上组织进攻。

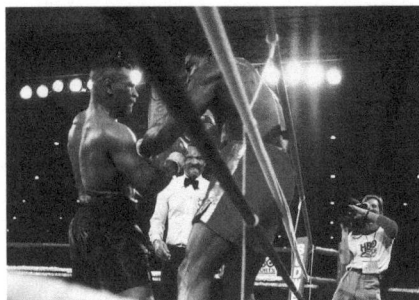

不会进行角落、围绳反击的选手遇到泰森这样能给对手强力心理压力的选手时被连续猛击。

要点

☆

推挤肘部很容易破坏对手的平衡

推挤对手的肘部是破坏其身体平衡的关键。推挤对手的肘部能
不费力地破坏对手的平衡。要是推挤肘部上方即上臂的话，对
手是可以双脚用力站定的。

推挤上臂的话对手就能双脚用力站定了

再来学习一下细节动作吧!

问：与对手正面相对时，应该看着对手的哪里？

答：不要凝视一个地方，要漠然地看着对手。要是你盯着他的眼睛或者面部等地方看，会很容易让对手察觉出你要对这些地方做些什么，也容易被对手故意用眼神诱导的佯攻吸引。所以当你要攻击对手面部时，只看大致的轮廓心里有数就行了。

如果一定要说的话，看向对手的咽喉附近，视野能覆盖其上半身的话是最好的。

视野宽广的选手在攻击对手面部的同时能看到他的全身，从而可以打到除了面部以外其他空防的地方。这是比较理想化的看对手之法。

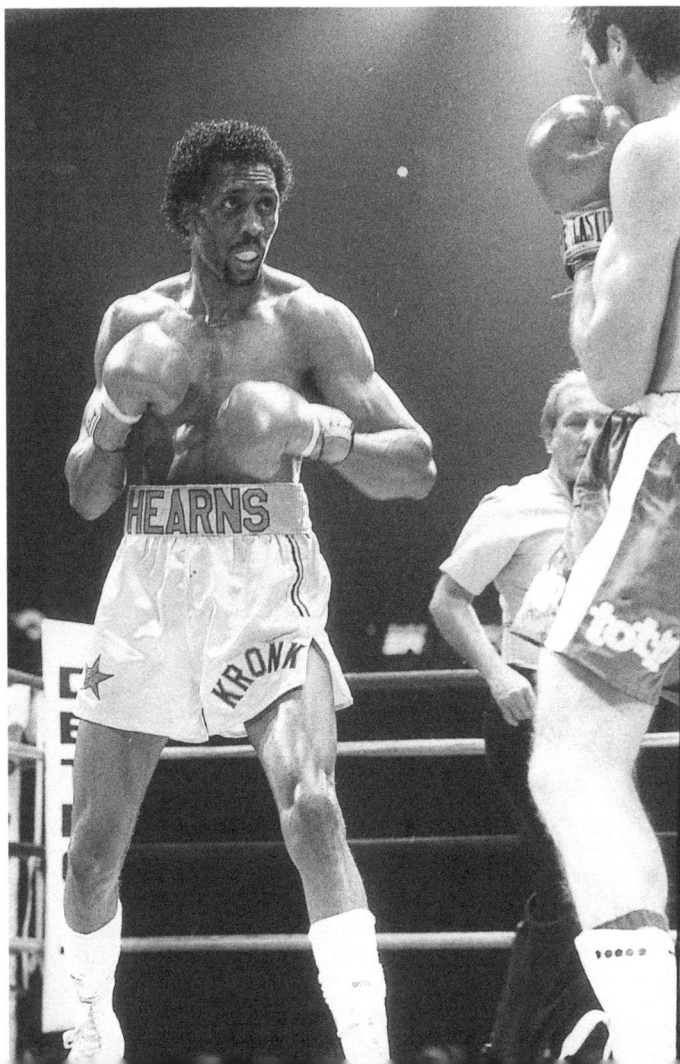

在出拳之前比赛就已经开始了。该看向哪里、如何去看？这也是本领的一部分。

135

问：与对手正面相对时，站得相距多远比较合适？

答：基本架势状态下，我们的重心比一般是前脚∶后脚在4∶6到6∶4之间，日本
选手大多是前脚分担多一些的6∶4。如果是这个重心比的话，双方脚尖之间就空
出一脚距离。这个距离使双方都处在能勉强击中对手的位置上（※如果对手是
5∶5~4∶6型选手，就再向前进5厘米，像踩脚趾一样向前半步）。在这个位置
上，只需活动上身就能将头部移动至对手打不到的地方，对小幅快速前进攻击来
说也是最佳的距离。要是双方脚尖相距大于一脚，就会导致互相完全打不着对
手。乍一看可能会觉得这样很安全，但是这样一来想要击中对手就要大幅前进。
要是跨步太大的话，自然对于对手来说迎击会变得更容易，要是在受到迎击时自
己还在猛地向前冲，受创会更大。此外，如果双方脚尖相距小于一脚，就要时刻
考虑到对手不用跨步就能给予自己重击而不得不移动身体了。相距一脚的最佳距
离换个说法就是使自己随时都处在可以进攻、防御的位置。

适宜的站立位置＝互相能击中对手的极限距离

近的站立位置=双方不用跨步就能击中对手

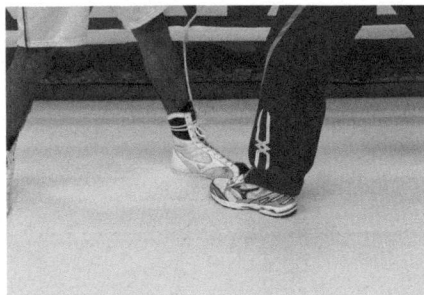

远的站立位置=为了靠近对手需要大跨步

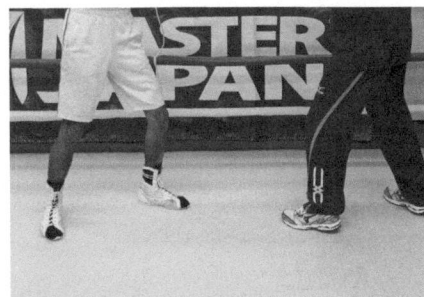

问：拳头应该在跨步的瞬间，也就是脚还未着地时打出吗？

答：基本上我们在练习时，应该让跨步后前脚着地的时间点和出击握拳（拳头击中对手）的时间点相同（中间图片）。但这说到底只是基本理论，也有故意错开时间点，在前脚没有着地时打出左直拳（上方图片），以及在后脚提起只有前脚着地时打出左直拳（下方图片）的情况。不管是哪一种情况，在跨步并打出左直拳后接着出右拳的话，需要右脚继续用力蹬地，利用其反作用力出拳。

问：打右直拳时，前腿的膝盖应该弯曲吗？

答：这是不能一概而论的。用棒球的投球动作来解说会更容易讲清楚，日本的投球手主要采用前脚着地，膝盖承重弯曲的同时浮动身体投球的技术动作。但是甲级联赛中也有投球手会在前脚落地的瞬间伸直膝盖用力踩地，然后将这条腿作为制动装置，像要把整个上半身的力量向前推出一样投球。在拳击中也是这样，一般情况下选手会弯曲前腿膝盖用力踩地打出右直拳（右侧上方图片），但是有些选手也会在踩地的时候伸直前腿，从而打出强有力的右直拳（右侧下方图片）。但是拳击并不是一击就结束的比赛，伸直前腿可以打出强劲的右直拳，但是在这个姿势下很难顺畅地做下一步移动。而弯曲膝盖的话接下去防守或者再出拳都是比较方便的。所以两个姿势都各有优点和需要注意的点。

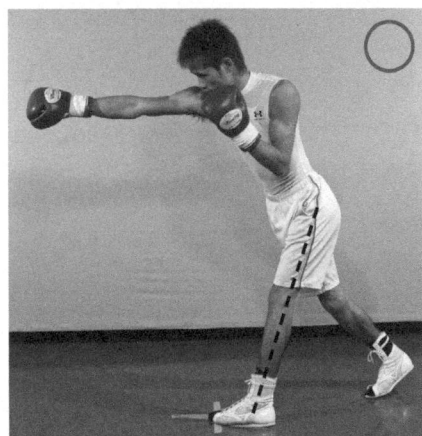

以前腿接近伸直的姿势打出后手直拳的药师寺保荣。

**野木式指导方法
是如何诞生的？** **#2**

在古巴接触到的压倒性体能强化训练
以及国家级规模的培养课程

我没有专业的拳击指导老师。

在我立志成为教练时，周围还没有能指导我技术的人，所有的东西除了自学别无他法。因此当我考虑作为一个教练应该学些什么时，首先想到的是必须要了解世界上最先进的训练方法，所以我在 2000 年年末到 2001 年去了美国和古巴访学。

古巴之行我得到了樱井孝雄先生（东京奥运会拳击金牌得主）的协助，虽然行程安排十分突然、毫无准备，我还是见到了当时古巴拳击界的头号选手阿尔西德斯·萨加拉，并参观了古巴国家队一队、二队，古巴国立体育学校三个地方的训练。

能在古巴看到这么多训练实况实属不易。古巴队的训练方法是凭我至今为止所见无法想象的。美国队的训练方法其实还是在我的想象范围内，但古巴队的训练方法就完全不同了。

古巴队的训练方法中最令人吃惊的是他们体能训练的占比极高。在古巴，选手们每天早晨在越野长跑训练之后必须进行一小时的重点循环训练，下午的场上训练也是每周有两次纯体能训练。以强大的身体素质为基础进行大量的体能训练，才能取得佳绩。此外，古巴队是 20~50 人的一个团队进行训练的，并不是单人训练。虽然集体拳击训练的都是基础性的东西，但这些基础技术的难度也是极高的。然后从基础的集体拳击逐渐转向复杂的训练。

因为不能对训练场景摄影录像，所以我争分夺秒地对这些训练做了笔记。课程设计极其细密，每个团队都有多个专属教练和医生，训练结束后马上会提供营养剂和合理有效的食物。日本也在 2001 年开设了体育科学中心，力求提升国际竞技实力，但在古巴，这些事情从几十年前就开始做了。

这之后，我进行过许多错误的尝试，来寻找"我们该怎么做才能赢那些选手？我们相对于他们来说优势是什么？"的答案。最终我发现了自己的答案，也就有了我现在的指导方法。

在古巴的拳击训练场。和站着差不多到成人胸口高度的少年们玩耍，他们也是接受拳击英才教育的一员。

PART 4

全新拳击练习法

以越野长跑训练和场上训练为主的日常训练与赛前的训练是大不相同的。

拳击比赛一般会在正式比赛前给出2~3个月的准备时间，让选手能够制定适合比赛的训练清单和日程表来做好迎接比赛的充分准备。

关于该如何"划分时期"，明确何时该做什么，这里我给出一份自己的样本。

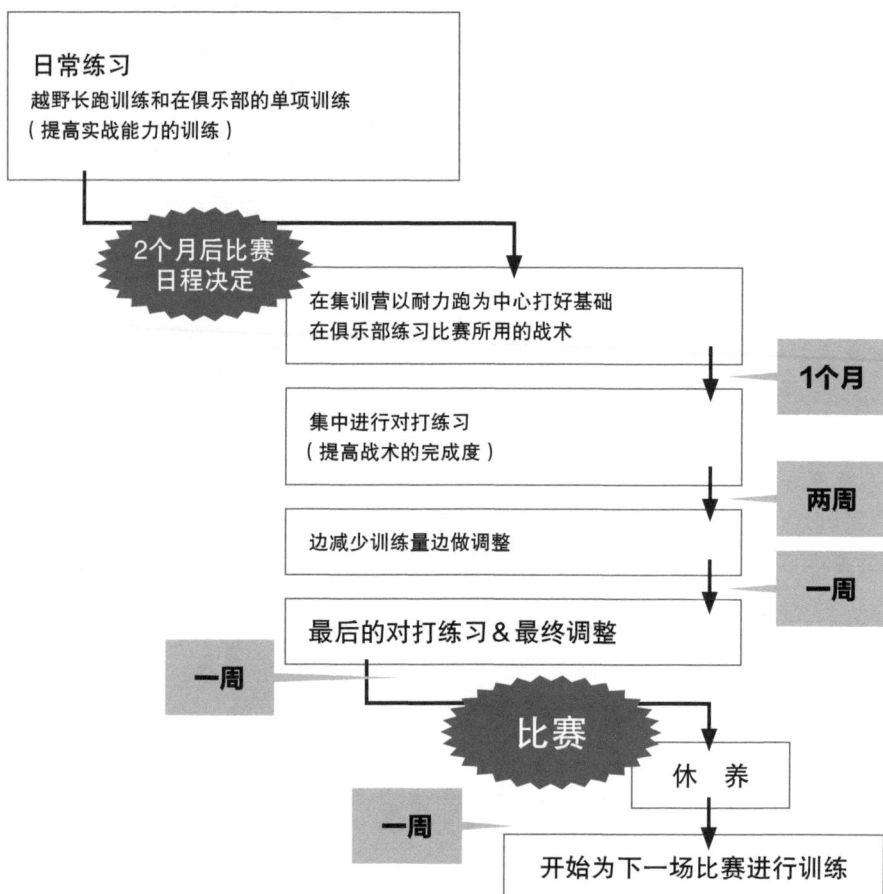

拳击比赛会提前 2~3 个月决定赛程，选手必须据此制定训练计划。比赛日程尚未决定时的训练基本上是以越野长跑和单项训练为主，在单项训练中需要以提升每个选手的实战能力为目的选择训练项目。耐力不足的选手就加强耐力训练，要让每个人掌握必须学会的拳法。另外，就我个人来说，在没有赛程的时候，不会严格规定 3 分钟一轮训练，有时甚至会让选手持续打沙袋 10 分钟再休息 3 分钟，我会采取这样比较大胆的训练方法（参考 p.164）。在没有赛程的时候，训练的主要目的不是战胜对手或者赢得比赛，而是单纯让自己更强、更快。

然后赛程一旦决定了，直到赛前的一个月为止都要以耐力跑集训为中心打好身体基础。在拳击训练中，可以说场上训练和越野长跑训练的比重是五五开的，也就是越野长跑训练十分重要。在没有决定赛程的时候即使你做不了场上训练，越野长跑训练也是不能不做的。职业拳击手或者想要成为职业拳击手的选手首先每天都得进行越野长跑训练，然后才能考虑集训。如果没有坚持越野长跑训练的选手参加了集训，那他受伤的概率就极高，也会被人一眼识破。

在我的集训营里，每天的训练清单分为 2~3 部分，有一些集体拳击训练，但基本上都是耐力跑。我会选择平时进行越野长跑时遇不到的地点、地形作为集训地，给予选手的腰腿前所未有的压力。设计清单时我用到了自己的田径比赛经验，所以是肯定不会让他们练平地跑的。之前夏天在长野开营时每天会让他们跑 35~40 公里，还是很艰苦的。我的计划是通过这种形式的耐力跑训练，在进入实战训练之前给他们打下一个扎实的体能基础。

除了集训之外，我也会在俱乐部进行基础训练，通过戴拳靶陪练对他们进行实战技术和战术的指导。另外，一定会观看选手和他的既定对手各自的比赛录像并进行研究，考虑比赛中可能用到的技术和战术。然后边指导选手练习这些技术和战术边根据实际讨论改进，让这些动作逐渐成形、完美。我在做这些工作时渐渐意识到，教练并不是单方面地给予选手指导，也应该听取采纳选手的意见。如果选手方面对训练有疑问或者有好的方案的话，训练质量就会提升，告诉选手这一点是教练的职责。因为教练教得过多而输掉比赛的例子比比皆是，只有给选手提供有自主思考空间的训练，才是作为一个教练的职责。

对打练习示例。需要戴头盔、护裆等防护用具。

通过耐力跑把基础打好，也在俱乐部对应练习过战术细节后，就要把训练重心移向实战性的对打练习了。

全面进入对打练习应该在比赛前一个月左右。在这一阶段需要将之前练习过的所有技术和战术通过与人对练整合成完整连贯的动作。因此对练的搭档最好选择和对战选手相近的类型，一般来说每个星期需要安排 3 天进行对战练习。一次对战练习如果是参加 4 回合比赛的选手就进行 3~6 回合，参加 10 回合比赛的选手就进行 10~12 回合，参加世界级比赛（12 回合）的选手最多进行 15~16 回合练习。虽然说对战练习是最接近实战的训练，练得越多越熟练越好，但考虑到受伤等情况，这个节奏和训练量已经基本达到要求了。每一次对战练习我都会仔细检查，不止在练习结束之后，对战中或者中间休息时也会给出一些指导或者提醒一下该注意的地方，有时也会直接中断对练，及时给出技术意见。在这样的对战练习中，事先想好的技术、战术面上必须修改的地方会凸显出来，另外，选手自己也能在对练中发现自身可能在比赛中用到的新技术，通过这些发现来提高战术的完成度。

到距离比赛只有三周时，就要减少训练量进入调整阶段了。这一时期应该放松身体、去除训练中积累的疲劳，如果搞错了减少训练量的时机，会使身体在比赛当天仍处于疲劳状态。在训练的紧张程度不变，减少训练量一周后，就能去除疲劳感。当进入调整阶段后，我的做法是每周会安排对战训练（训练的重点），相应调整训练量来调节选手的身体状态。然后在直至赛前一周的最后的对战练习中，要尽力将选手的身体调整到比赛时的状态。可能有人会觉得提前一周就调整到赛时状态有点早了，但是如果提前一周就调整好的话，接下来的一周只要维持这个状态并做微调就好了。然后从赛前一周到赛前5天的时间里，通过低强度的长时间缓慢运动来刺激肌肉和心肺功能；另外从赛前一周到赛前3天要做能使心搏数短时间上升、让力量充分发挥的运动。以上便是为比赛做的身体状态调整。

只是在这个调整阶段采用什么方法最适合，要视选手的个人状况而定。要是训练量减得太多，有些选手可能会发挥不好，但也有完全不训练状态反而更佳的选手。多大程度地减少训练量才能去除疲劳，这也要分人而论，所以教练必须记住每个选手的特征，才能合理减量、有效去除疲劳。

一般大家会觉得调整就是什么都不做，但其实也有故意做些运动来消除疲劳的积极调整法。例如，做了很久的速度型训练来锻炼白肌很累的时候，换成锻炼红肌的训练更容易消除疲劳。这种消除疲劳的方法需要选手积累经验后方能记住，也需要教练观看选手的训练后给出合理的训练清单来为他们调整状态。顺便说一句，我制订的清单里周日是休息日，此外我也一直会在周四安排休息时间。在每周的中间休息一下，能让后半段的训练更高效。这也是小出教练教给我的调整法。结果显示采取这种调整法训练量反而会上升。

另外，为了比赛减重也是很重要的，我会指导选手先慢慢降低体脂率，然后在临近比赛时脱水减重2~3千克。如果通过极端脱水来减重，就算称重之后体重恢复很多，不运动的话是没有用的。关于减重有各种各样的方法，但最重要的是在训练中发现选手能发挥最好的体重，并在比赛时达到这个体重。

曾经有一段时期，打拳靶训练被认为"和实际的距离感不同"而不被重视，但现在它又成为训练清单中的核心部分。本章我会站在"持拳靶者"的角度，按如下顺序进行详细介绍：首先是单一拳的承接方法，接着是组合拳的承接方法，使用拳靶反击的方法……

拳靶的基本拿法

准备姿势

> **选手的视线**
> 上部的基本架势。从选手的角度来看，对手呈防守

右直拳

教练应在左右两侧拳靶的掌心（承接击打的那一面）不朝向选手的同时移动脚步。选手则应该随着教练的移动而移动，与他保持适当的距离。和实战一样攻击目标可以自行移动，这是打拳靶与打沙袋的一个不同之处。

左直拳

在需要选手打出单一的左直拳时，教练要将左拳靶朝向正面。选手应该适时做出反应，立即前进一步打出指定的一拳（拳靶在这个状态时应该是刺拳）。

在让选手打出右直拳时，教练应将右拳靶朝向正面，左拳靶向内，稍向前探出。在选手看来左拳靶像是对手在左侧固防一样，要是出拳偏向勾拳的话就会被左拳靶挡下，这样能帮助选手自然将出拳矫正成标准的直拳。

这里最重要的是拳靶要尽量靠近选手的左直拳能打到的位置。另外要让选手看来拳靶的位置与自己的面部相距并不远。因为刺拳是为了牵制对方以便接下来出拳的，所以要让选手朝下颚偏上打。在拳靶上做两个标识（白色圆圈）的目的是提示选手击打方向。

左勾拳

将左拳靶放在右颚下，姿势就像「娘娘腔」一样。比起将拳靶放在面前，这个姿势更加贴近实际。

左腹部勾拳

把左拳靶放在自己的肝脏部位（右侧腹=肝部）。在向前伸出右拳靶的同时做该动作，这样能让选手明白要先做头部闪避再打出左腹部勾拳。

左上勾拳

左拳靶稍稍向下。一般情况下都是左拳靶承接左拳，右拳靶承接右拳，但如果是上勾拳的话，也可以直接用相对的拳靶承接。上方左侧图片即用右拳靶承接左上勾拳的瞬间。这样可以训练选手钻对手防守空隙的能力。

147

右腹部勾拳

左胸最大限度地向内侧拧转，左拳靶掌心朝向选手。但有时也可以如左图一样承接来拳。

右上勾拳

右拳靶稍稍朝下。

右腹部直拳

把左拳靶放在心口处，让选手击打拳靶的背面，持拳靶者同时打出右直拳，训练选手以头部为中心轴向左闪避。

左腹部直拳

右拳靶放在心口处。

右勾拳

把右拳靶放在下颚处，比起将拳靶放在面前，这个姿势更加贴近实际情况。

左势拳手来拳的承接方法

之前介绍的都是承接右势拳手（基本架势时左脚在前）来拳的方法，而在应对左势拳手的来拳时，自然必须使用不同的承接方法。

右直拳要用右拳靶来接。在右势拳手面对左势拳手时，双方前脚距离很近，适合出击刺拳，所以持拳靶者要将左手向前伸出。

左直拳用左拳靶来接。

右勾拳用右拳靶像"娘娘腔"一样承接。

左勾拳用左拳靶像"娘娘腔"一样承接。

右上勾拳用右拳靶承接。持拳靶者像打出刺拳一样向前伸出左臂，训练选手向右跨步、从外侧打出刺拳的能力。

同样，左腹部勾拳用左拳靶来承接，持拳靶者向前伸出右臂。

当右利手选手的下一位对战拳手是左势拳手时

持拳靶的基本准则是与选手的下一位对战拳手的架势相同。而且，如果右利手选手的下一位对战拳手是左势拳手的话，持拳靶者就要摆出左势拳手的架势。

用左拳靶承接左直拳的同时，右手向前伸出，训练选手从外侧攻击的能力。

右直拳用右拳靶承接。

右臂向前伸出的同时，用左拳靶承接。

承接左勾拳时右脚向前，左拳靶放在下颚处。

149

组合拳的承接方法

从这一页开始介绍使用频率极高的组合拳的承接方法。只要遵从p.146开始的"拳靶的基本拿法"和此处"组合拳的承接方法"的原则，就算是遇到这里没有介绍过的组合拳，你应该也能明白该如何去承接。

双手勾拳

摆好如图1所示的准备姿势后，选手的左右直拳都用右拳靶来承接（图2、图3）。野木式指导方法中单一的左直拳是用左拳靶来承接的，但双手连击拳都用右拳靶承接。通常情况下左勾拳是用左拳靶承接的，但在承接右直拳后紧接着的左勾拳时，要还是摆出"娘娘腔"姿势就有点难了，所以只将拳靶放在面前承接（图4）。

要点	不要引导选手打在
☆	不切实际的位置

如果像右侧的图片中一样把左右拳靶向两边张开，左拳靶接左拳，右拳靶接右拳的话，就会引导选手向左右两侧偏离目标很远的地方出拳，完全没有考虑到头只有一个，一个拳靶就有一个头大小的实际情况。所以在接双手连击拳时，要用单手的拳靶来接两边来拳。

从基本架势起，先在一瞬间内将拳靶向后撤，再恢复到原位置抵挡来拳。如果推动拳头时用力过大会让选手感觉拳头疼痛，而且在实际比赛中拳头也不会受到这么大力量的推挤，所以不是说用全力去推就是好的。

右图是一种常见的承接方法。拳靶一开始并未向后撤，而是直接向前拍击承接来拳。这样一来就把击中点移到了面部之前十多厘米的地方，是与现实不符的。这会导致双方之间的最佳距离被破坏，选手的胳膊不能完全伸直、腰部不能转动。

左直拳→左勾拳→左腹部勾拳的承接方法。先用左拳靶承接左直拳，再用左拳靶摆成"娘娘腔"的姿势承接左勾拳，接着右臂向内旋转将右拳背放在肝部承接左腹部勾拳（图1、图2、图3、图4、图5、图6）。当打完整套组合拳后不能就此停止，还要让选手跨步至安全区域（图7）等，像实战中的攻防一样对待训练。

要点

☆ **训练要逼真！**

有时需要在用右拳靶承接左直拳的同时伸出左臂出击，来增强选手测算最佳距离的意识，使其在和拳距较长的对手比赛时不输在距离的相互制约上。

根据对手类型，对拳靶位置进行微调。

在应对摆架势时身体蜷缩的对手时拳靶位置也要向前。

在应对摆架势时身体笔直、怀深的选手时拳靶也要尽量后撤。

151

持拳靶者的反击

持拳靶者不止承接来拳，亦会通过反击来让训练更接近实际攻防战也是拳靶击打练习的特征。

回击左勾拳或者右直拳

1

在进行之前"组合拳的承接方法"中介绍的组合拳训练时，打出左勾拳。

5

选手暂且将右肩恢复到基本架势处。

9

命中左腹部勾拳。在这个瞬间，持拳靶者已经开始出左勾拳。

2

选手低头躲避拳头。持拳靶者不能为了不打到选手的头而故意打空拳，一定要按实际出拳。

6

选手打出右直拳。

10

选手再次摇闪躲过左勾拳。

3

选手像画"U"一样将低下的头部上移到持拳靶者的左肩外侧。在这个过程中，持拳靶者要将刚刚打出勾拳的左拳背靠向自己的左侧腹部。

7

持拳靶者用承接了右直拳的右手还击右直拳。选手对应地向左头部闪避。

11

选手移动到对手的左肩外侧。此时持拳靶者将右拳放在承接右直拳的位置。

4

选手打出右腹部勾拳。持拳靶者用右拳靶格挡。

8

选手打出左腹部勾拳。持拳靶者此时要将左拳靶置于肝部。

12

选手在适当的距离打出右直拳。

让选手闪至侧面

选手低下头避过前一页的左勾拳后身体后撤的话，就需要面对着对手站直身体，这样很容易在毫无防备之间受到追击。

选手低下头避过持拳靶者的左勾拳之后，以左脚为中心轴向右旋出右脚，绕至持拳靶者的后侧。这样就占据了对手打不到自己、自己却能组织攻击的有利站位。持拳靶者应该引导选手养成移动至侧面的习惯。

还击左腹部

在腹部重拳中使用频率最高、力道最强的武器是左腹部勾拳。所以我把这个还击动作也编入了组合拳的训练中。

选手打出右上勾拳还击对手因出拳而空防的下颚。持拳靶者用右拳靶承接。

然后用右直拳打击右拳靶。

选手用肘部防守侧腹。

选手暂且收回右肩，恢复到基本架势。

接着用左上勾拳打击左拳靶。

左势拳手组合拳
的承接方法
和还击方法

（1→2→3）当左势拳手的对手是右势拳手时，持拳靶者该摆的架势。选手的双手连击（右直拳→左直拳）都用左拳靶承接，右勾拳用右拳靶承接。

（4）在右势拳手面对左势拳手时，双方的前手直拳距离很近，所以获得攻防中的主动权就显得尤为重要。因此，持拳靶者要回击前手直拳。

（5→6）通过这些方法，训练选手跨步至外侧以及用右勾拳迎击的能力。

（7）在右势拳手面对左势拳手时，右势拳手打出右拳后受到左势拳手左拳迎击的话，常会导致被直接被KO。所以持拳靶者要在回击右直拳的同时将左拳靶的掌心护在右侧腹部。

（8）选手先打出左腹部勾拳。

（9）选手暂时降低左半身积蓄力量。

（10）在对手变换姿势的时候打出左直拳。持拳靶者用左拳靶承接。

要点
☆

从选手的背面看图4的状态。

5→6的动作（选手背后视角）。可以看出选手向右侧跨步了。

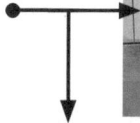

让选手闪至侧面

图7的状态（选手背后视角）。

图10的状态（选手背后视角）。左右闪动、迂回移动至对手的侧面能体现拳击技术的高超。

模式训练

先让选手打出组合拳，然后在适宜的时机给予反击，
引导选手对此及时反应、做出对策后再次打出组合拳。循环这个训练过程，
使选手对攻防模式产生反射。这里介绍一个例子。

右直拳→左勾拳→右直拳→三种拳法的还击

1 用右拳靶承接右直拳。

2 用左拳靶承接左勾拳。

3 用右拳靶承接右直拳。让选手打出这三连击后，乘机以下面A~C中的任何一种方式回击。

A 持拳靶者回击右直拳。选手拧转上身的同时抬高左肩，用肩膀格挡。

B 持拳靶者回击左勾拳。选手摇闪躲避。

C 持拳靶者回击刺拳。选手向右（对手身体的左侧）后方做头部闪避。

回到1→2→3

要点 ☆ **肩膀格挡的优点**

右图（一）是从正面看到的肩膀格挡。虽然看起来太阳穴空防了，但是可以用肩膀将拳头向上挡开，太阳穴是不会被打到的。如果像右图（二）那样固防的话，自己的身体就不能动了，很容易被对手一顿猛击；而用肩膀格挡的话就能清楚地看到对手的动作，从而可以灵活活动上身发起反击。

（一）

（二）

使用沙袋的训练

沙袋训练是拳击中一种比较流行的训练方法。

这里舍弃最基本的训练方法，介绍一下野木原创的应用型训练法。

负重保持平衡

打沙袋训练基本上是单人进行的，但这里要介绍的是和搭档一起完成的双人组合训练。搭档可以在选手击打沙袋时站在他的身后拉他（图片3），也可以往侧面推他（下页图片8），从而破坏他的平衡。正在击打沙袋的选手就算被突然破坏平衡也要立即站直继续击打沙袋。这个训练的目的在于让选手在实战中受到攻击或者被破坏平衡时能够马上稳住姿势。这有点类似于增强式训练，在被拉向后方或者被推向侧面后，马上受地板的反作用力回击。此外，这样一来教练也不能乘机偷懒了。

向着沙袋缝合线的方向跨步

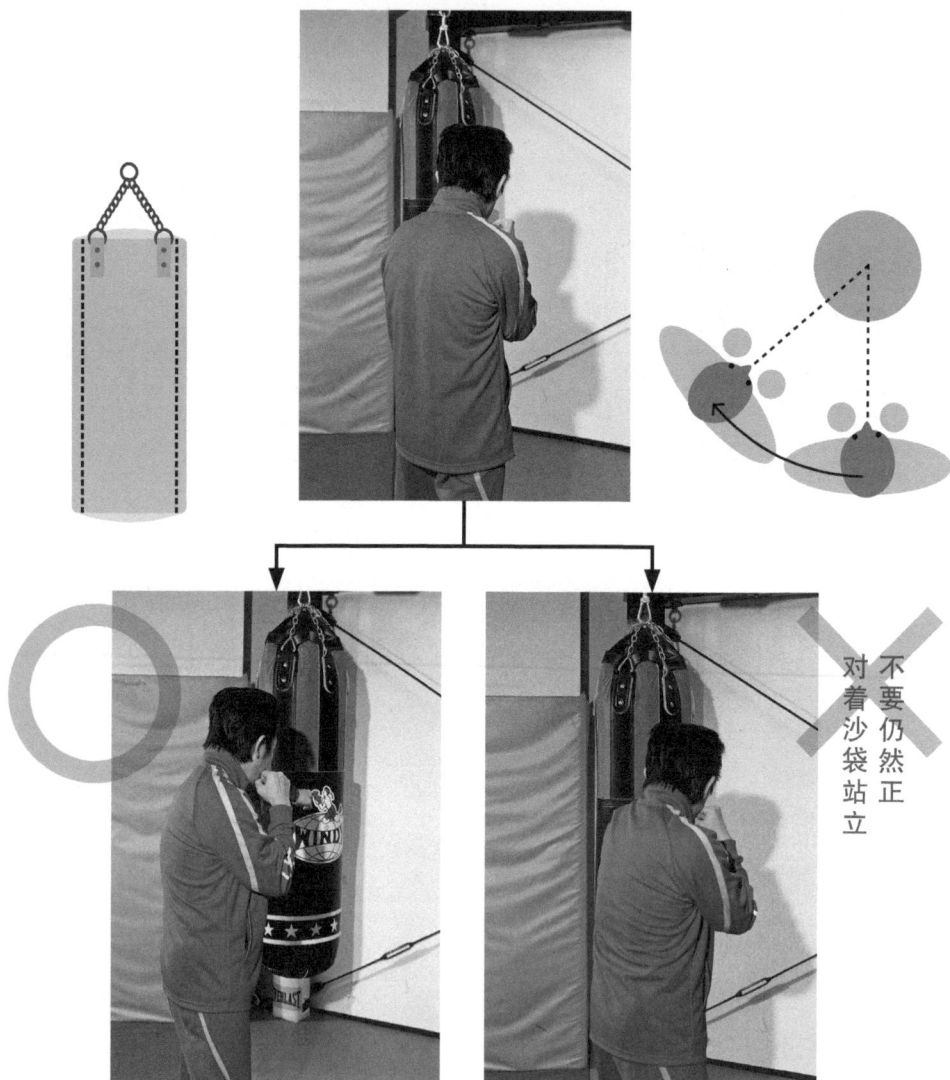

不要仍然正对着沙袋站立

如果面对着沙袋站立，就能看到沙袋两侧的缝合线。而沙袋等同于对手，如果把训练当作实战，那么从正面持续击打沙袋是很危险的。因此在利用沙袋进行组合拳训练时，如果是右势拳手就要向着自己左侧的缝合线跨步，然后站在这个位置向沙袋正面进攻。这样获取站位是为了给选手一个如何移动到基本站位（p.119右势拳手VS右势拳手）的具体印象。

Chapter 04 使用实心球的训练

实心球（2~10千克的球）在各种训练中都会使用到。这里要介绍的是如何使用实心球练习拳击特有的动作和必要的肌肉。

投掷实心球

双手拿球，可以像往下摔东西一样将球猛摔在地板上（左侧图片），也可以像打直拳一样竖直扔向地板（右侧图片）。和用铁锤击打轮胎、砍柴训练的原理一样，这样能够强化打击力量。拳头有伤时，做这个训练可以在不给伤口处添加负担的同时强化打击力量。如果害怕冲击力太大损伤地板，那么可以像图片中一样在地板上放一个垫子。

和正面的搭档进行抛接球训练

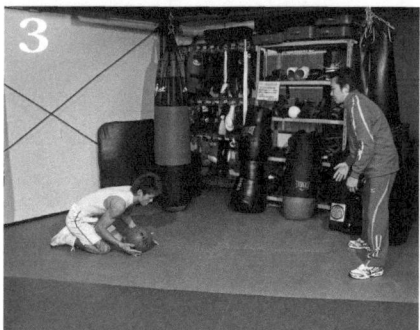

回到图1

如图所示，双手撑地趴着，快速做俯卧撑。搭档将实心球朝选手滚去，选手保持双手撑地，双脚向前缩回，像正坐一样起身接球。接到球之后快速向搭档抛出，并回到最初的姿势。通过接连完成做俯卧撑→起身接球→回抛实心球这三个不同的动作，让全身参与运动，从而锻炼神经的协调性、提升切换动作的速度。另外，接到实心球后马上抛出的动作，也借鉴了增强式训练的要点，通过在负重时把握快速升降的时机，从而锻炼向前的爆发力。

和侧面的搭档进行抛接球训练

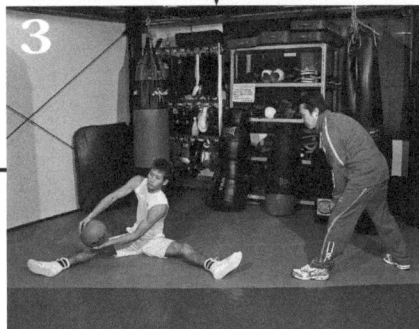

如图所示，双脚岔开坐在地板上。让搭档从自己的侧面投来实心球，双手接球，及时制止自己的身体因球的重量而产生的惯性移动，将球抛回给搭档。这里也借鉴了增强式训练，锻炼水平旋转上半身的力量。

一般来说体力，也就是持久力分为两类：一类是每块肌肉的持久力
（肌肉持久力），另一类是心肺机能的持久力（全身持久力）。
这里我就来介绍一下拳击比赛中的决胜关键——全身持久力的训练方法。

越野长跑训练清单与过程

对于拳击选手来说，越野长跑训练等于慢跑——是不是一般都这么以为呢？

但是如果让选手一直按同一份单调的清单训练的话，会降低他的积极性不说，最糟糕的就是无法练出适合比赛的体力。

因此我给选手制定的清单是：

星期一：耐久跑
星期二：速度训练
星期三：耐久性速度训练
星期四：休养性慢跑
星期五：速度以及特殊负重训练
星期六：耐久性速度训练

如上所示，是一个有变化的过程。

星期一进行的耐久跑训练虽然和一般拳击手做的越野长跑一样，但是我会改变跑法，比如采取递增加速跑（开始以 200 米 / 分钟的速度跑，跑了 20 分钟后，每千米的时间减少 10 秒，一直提升到约 250 米 / 分钟，再全力跑完最后的 1~2 千米），或者 LSD（长距离慢跑。将心搏数维持在不低于"比赛预期"的频率，范围在 75~100 次 / 分钟）等。

星期二的速度训练，先是 50 米冲刺跑，然后是 50 米慢跑，接着 50 米又是全力跑……这样让选手来回进行 30~40 次冲刺跑。

这个清单是假设使出了全力，比如拳头全力突进的情况设计的，如果每次全力跑的距离变为 100 米，那么相应的循环次数也要减到 20 次左右。

两次冲刺跑之间的休息间隔长一点的话，更容易维持冲刺速度。但我的目的是让选手在没有完全恢复的状态下发挥最大的能力。

在集训营进行短距离循环冲刺跑的内藤大助。这是一个腰部发力的很好跑姿。

我会让选手在一次全力跑后心跳速度还很快的时候马上开始第二次。

拳击手在一次冲刺跑中能持续加速的极限为 60 米左右，如果跑 100 米的话，后半段速度就会降下来。因此我在训练时常把能够持续加速跑完的 60 米作为冲刺跑的距离。60 米冲刺跑后休整 15 秒，循环这个过程 7 次大概需要 3 分钟，然后做 4~8 组训练。

星期三和星期六的耐久性速度训练是指循环 800~5000 米的全力跑，目标是 3 分钟移动距离超过 1000 米。

比如说先用 2 分 24 秒跑完 800 米，然后休整 1~1.5 分钟，循环 5~8 次。或者跑完 1000 米后休整相同的时间，循环 4~6 次。休整期间可以进行 200~300 米的慢跑。另外，为了实时掌握选手的能力和身体状态，可以定期进行 3000 米或 5000 米的计时跑。

星期五的特殊负重训练，是指让选手跑台阶等有倾斜度、又起伏的道路来刺激肌肉和心肺功能。

我经常的做法是，先以 24~30 米 / 分钟的速度抬腿慢跑完上坡路；到达平坦的地段后急速冲刺，全力跑 100 米左右；最后是慢跑，不加制动地跑下坡……循环这个过程 40~60 分钟。

通过阶梯冲刺跑给予身体不同于平地跑的刺激。

星期四的休养性慢跑不规定时间、距离，只要慢跑30分钟左右，有"很舒服地出了一身汗"的感觉即可。闲适随意的慢跑对于消除疲劳很有效果。

这样来安排一周的训练日程能让选手不觉得枯燥，而且既锻炼到了应对长时间作战的持久力，又锻炼到了多次猛烈出击后快速恢复体力的持久力。

以上所说的长跑当然最好是集体一起训练，但只要准备好带秒表的手表，然后和自己测到的时间比赛，一个人也能进行不掺水分的训练。

提升持久力的打击沙袋训练（1回合 ≠ 3分钟）

不止越野长跑训练，在俱乐部也要进行提升全身持久力的训练。

在俱乐部训练时一般我们会用到沙袋。说到沙袋训练，一般是根据比赛时长——每练3分钟休息1分钟，但我认为正因为比赛时是采用"3分1休"的形式对战的，平时更应该通过设定与此不同的训练时间来刺激身体机能。

和长跑训练一样，在短时间内进行高强度的无氧运动使肌肉中聚集大量乳酸，从而培养自己在这种状态下的耐受性和从这种状态中恢复体力的能力。抑或反过来，不设间隔地长时间持续运动。经常变换训练方案，能使身体远离"习惯""乏味"等感觉。

这里讲一下具体做法，首先对着沙袋在5秒内全力和全速打出组合拳，然后休息20~25秒。将这作为一组，重复进行20~30组。

需要注意的是，在全力出拳的环节，根据选手的疲劳状况可以变化为2秒或是3秒，如果选手已经筋疲力尽无法继续连续出拳，就停止训练。另外，也不能被选手"嚯嚯"的气息欺骗，很多时候看起来打得很好，其实拳头已经放松了。5秒以内的连打是无氧运动的大前提，必须是"全力"出击，教练一定要对此高度重视。

另外，也需要进行一回合5分钟或者10分钟的训练。让选手持续击打沙袋10分钟，并在这10分钟内用尽全力，然后休息5分钟。重复这组训练3次。根据具体情况，有时也可以安排持续30分钟甚至60分钟的沙袋连打训练。

在进行这样的沙袋击打训练时，教练最好在一旁用计数器测定选手每分钟的出拳数，以此来设定训练的基准以及目标。用什么拳法出击并没有限制，可以重复练习一套拳法，也可以交叉打出各种组合拳。

如果是重复打出一套拳法，每分钟 180 击（每秒 3 击）应该是比较容易的。和递增加速跑的方法一样，在 30 分钟的前 5 分钟，以每分钟 180 击的速度出拳，5 分钟过后，提升到每分钟 190 击。像这样逐渐加速，到最后 5 分钟时提升至每分钟 240 击。

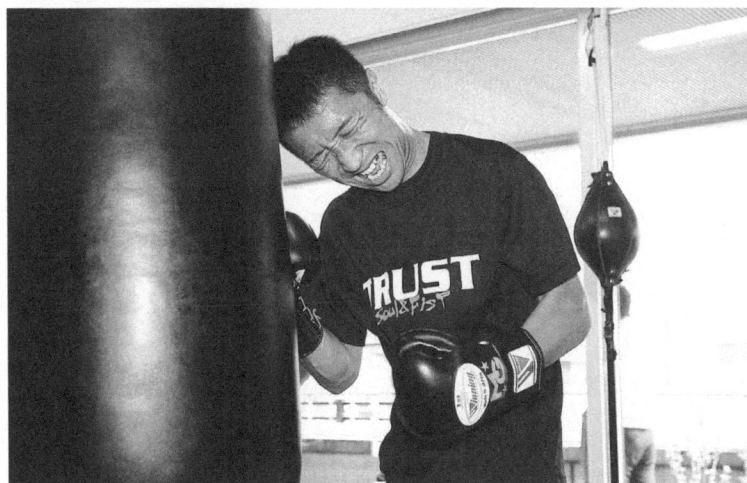

表情苦闷地进行着高速连打训练的内藤

其他训练方法

就算是已经形成习惯的常规训练，

稍微变换一下思路加以优化，就能变得更有效果。

弯曲背部的腹肌、背肌训练

腹肌、背肌训练是不使用道具的肌肉训练中具有代表性的两种。就算动作看起来是一样的，
注意力集中的部位不同的话，给肌肉的负荷会大有差异。为了尽量少使用反作用力，
提高每次动作的效果，你应该注意的是自己的脊梁骨。

腹肌

起始位置。

双臂抱在胸前，保持背部肌肉的拉伸状态，屁股坐在地上。然后像将自己的脊梁骨从最下面的腰椎骨开始一节一节地放在地上一样慢慢躺下。起身的时候就像从最上面的颈椎骨开始一节一节地离开地面一样，慢慢恢复到

背肌

背肌也和腹肌一样，双臂抱在胸前，腰部以下的身体趴在高台上，固定脚腕后弯折腰部，头向下垂。然后从这个姿势起像把自己的脊梁骨从最下面的腰椎骨开始一节一节地提起一样起身。相反，头部下垂时则像把脊梁骨从最上面的颈椎骨开始一节一节地倒下去一样恢复到起始位置。不管是腹肌还是背肌，如果在锻炼时不弯曲背部，背部绷直着倒下去的话，在肌肉力量训练和神经传达方面是有欠缺的。所以请大家锻炼时放慢动作，尽量联动身体的各个部分。

锻炼无力与用力间转换能力的增强式训练

出拳有弹性的选手很擅长无力与用力间的转换。
这里介绍一下能提高转换效果的锻炼。

引体向上

一般做引体向上是为了在不能使用反作用力的姿势下锻炼肌肉，但这里说的是为了刺激神经系统，让身体更快做出反应的引体向上。在单杠下放一个矮凳，选手站在矮凳上握住横杠。然后张开双脚脱力，让身体下落，像是吊在横杠上一样，在身体完全拉直的瞬间一口气做一个引体向上。在身体伸直的瞬间做引体向上就和p.160的训练一样，同时锻炼了切换动作时的速度（特别注意：要等双手完全锁死横杠时才能伸展身体）。这也是增强式训练的一种。

推举哑铃

拿着较轻的哑铃（铁质），向上推举。肘部先适度弯曲，然后完全脱力，让哑铃因重力自由下落。先舒展胸大肌，然后利用伸缩胸大肌时的反射（牵张反射）力量举起哑铃。左右分别训练。

对打击肌肉——拮抗肌的刺激

我们为什么要刺激出拳的反向动作中必须用到的肌肉，使它能够瞬间发挥机能呢？一般摆好基本架势后毫无示意地直接出拳是最理想的，但这样做所能生成的力量是有限的。就像先蹲一下再起跳比站着直接跳要跳得高一样，拳击中也是准备动作大一些——手臂向后积蓄力量的话相对来说拳头会更有力量。那么，如果可以既积蓄力量又减小准备动作幅度的话，就能让对手难以看出我们的出拳意图并打出强拳了。此外，这些肌肉还可以作为我们出拳之后的"制动肌"来维持平衡。因此我们需要提高这些打击肌肉——拮抗肌的神经反应能力。

胫骨（前胫骨肌肉）

首先脚尖向上翘起坐着（图1），接着让搭档将自己的脚尖掰平（图2），当脚尖伸直后以最快的速度翘起脚尖（弯曲脚背）（图3）恢复至起始位置。这里脚尖的运动其实是前胫骨肌肉的收缩运动，锻炼了快速前进时必需的肌肉。

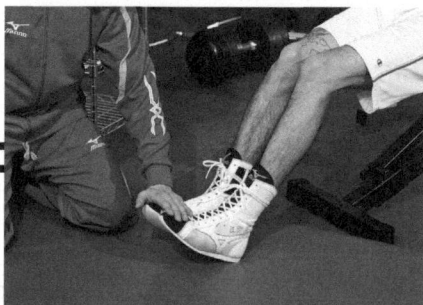

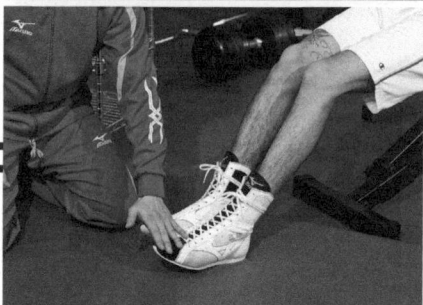

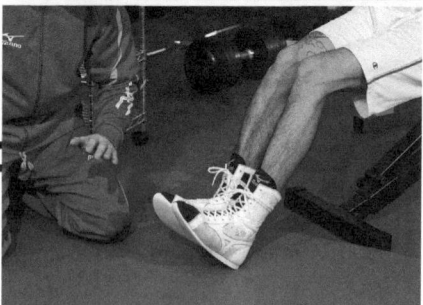

前臂、上臂

边让搭档将自己的手臂向内推，边迅速向外弹出（A）。边让搭档将自己的手向下推，边迅速向上抬起（B）。边让搭档将自己的手拉向前方，边迅速收回到自己近身（C）。通过持续这样刺激神经反应的训练，尽量减小实战中积蓄力量时准备动作的幅度。另外，下列说明图片中演示人员手持了重物，这样做说到底还是为了锻炼反应速度，如果因此使得动作速度变慢，徒手训练也完全没问题。

A

B

C

野木式指导方法
是如何诞生的？ **#3**

田径和球类比赛中也有助我们
赢得拳击比赛的启示

一直以来，要是在拳击以外发现了令我感兴趣的训练方法，我就一定会实际去学习，并在拳击训练中加以实践。

古巴的负重训练很多都注重速度，能直接影响拳头的动向。所以我也寻找与拳头的动向直接相关的训练方法。学习了"初动负荷理论"后，我想出了多种具有独创性的训练方法。

比如说我设计过举着杠铃直接在胸前向前伸出（下页图4~6）、拎着杠铃绕自己身体左右转动（下页图7~9）等训练方法。其中将杠铃左右转动这个训练借鉴了链球选手室伏幸治的训练内容。

其实扔链球和打拳击有很多共通的部分，专家小山裕三在做电视解说时对身体的运作讲得非常细致，可能对于普通观众来说有些难以理解，但像我这样的教练员一听，确有"原来如此"之感。

此外就一般被称为举重的负重练习（下页图1~2）来说，运动俱乐部指导的做法和举动运动员的也截然不同。我曾有幸亲眼见到举重运动员做赛前热身运动，他们运动所导致的地板震动抑或是挺举时的速度和力量都和我们不是一个数量级的。当时我就觉得如果要教举重，就必须找举重的专业人士来教。

了解一项训练的常识和以这项训练为专业完全是两码事。要深入了解一项训练，就必须去听听专业人士的指点。

拳击虽是个人比赛，也可以从团队比赛的训练中借鉴经验。大家看过美式足球比赛吗？美式足球比赛开始后，选手就要不断变换各种复杂的姿势来完成比赛。在队形和战术上美式足球比赛的技术级别非常高，所有的行动和姿势都有其意义，都直接关系到进球与否。

这样的战术性思考也可以被充分运用到拳击比赛中。足球比赛中有后卫、中场、前锋等不同的站位，各自尽好自己的职责就能取得胜利……那么在拳击中作为前锋的拳法是什么呢？作为后卫的动作又是什么呢？要是能思考到这些，就会发现在球类比赛或是团体比赛中也有很多能帮助我们赢得拳击比赛的启示。其他运动项目会做些什么训练呢？我们并不知道能使拳击手变强的机遇藏在哪里。所以我要时刻记着架起天线四处收集信息，保持自己对这些机遇的敏感度，不变迟钝。

自由搏击世界王者——铃木隼人训练的场景。图1~2是高翻动作，图2~3是推举动作。每一个动作都是为了培养爆发力。如果再稍微下潜身体来做图1~3的动作的话，就与举重中的挺举动作十分相像了。

将杠铃向前伸出。以充满爆发力的动作反复进行推拉。

将杠铃水平绕转，当转了180°后，逆着杠铃的惯性方向，快速向回转。这个训练的目的是锻炼拳击中旋转腰部的力量和灵活性（在这些训练中，一定要把制动装置固定好）。

综合格斗家该使用的拳法是？

自由搏击、综合格斗这类比赛中所用到的攻防招式也是以拳击技术为基础的，这点大家应该没有异议。

因而，自由搏击选手和综合格斗家也用这本书作为教材来磨炼技术应该是没有问题的。

只是，在细节部分，有需要结合比赛特点加以注意的地方。

这里就结合我做综合格斗和自由搏击选手的教练的经验来讲解一下这些比赛和拳击在战略上的差异。

在拳击中，微妙的强弱变化、近身战时的身体动作和侧面跨步很必要

在拳击中先出刺拳再接强拳（图1→2→3）算是标准打法。在对战双方都只注重拳头的比赛中，如果不是用重拳突袭、打出有细微强弱变化的组合拳的话，就不能在互相试探的过程中占据上风。就算靠近对手也不会被搂抱，就能打出腹部重拳等组合拳（图4）。在对手反击时，经常用低头等身体动作来躲避（图5→6→7）。如果处于图6所示的重心较低的状态，就无法阻挡对手的低踢，面部也很容易受到膝盖撞击。所以在可以使用脚踢的比赛中是绝对不能这样防御的。

从后面看到的图4→5→6→7

从后面看的话，我们就能发现选手绕至了对手侧面。在图7的位置时，自己能够攻击对手，但对手不能攻击自己。在拳击中经常会用到像这样绕至对手侧面的跨步，但在自由搏击和综合格斗中使用频率却很低。

在综合格斗比赛中，不需要复杂的组合

在综合格斗比赛中，很少会有只用拳头出击的复杂组合。因为双方互相靠近就会扭打在一起。因此，把握好时机的单击重拳就显得非常重要，训练自然也要切合这一点来做。图1→2→3→4是在对手搂抱时打出上勾拳的拳靶训练。

不是强弱，是强强！

在戴分指拳套的攻防中，拳击那样细微的相互试行不通，先出击的人就是胜利。一旦对手进入中间区域，就立即用上勾拳或者勾拳等曲线系拳法突然重击，铆足了劲打！打！打！

（图5→6→7→8→9→10）

结 语

　　1973 年 1 月 2 日的夜晚，当时还是小学 6 年级学生的我被电视中的画面完全吸引住了。

　　世界蝇量级冠军大场政夫最后的那场比赛，强烈地震撼了当时那个少年的心，甚至决定了我至今为止的人生方向。

　　在这场比赛结束的 23 天后，大场选手突然离世，而我对拳击的向往也日渐强烈。

　　从进入初中下决心成为拳击手的那一刻起，拳击便成为了我所有思考的基准。不管做什么，都以对于拳击来说有没有必要来进行判断……过着十分失衡的学生生活。

　　怎么做才能成为厉害的拳击手呢？

　　在很年轻的时候就有了"要成为很厉害的拳击手不是一心扑在拳击上就行的"这个想法，于我来说是极其幸运的事。

　　首先这个想法给我带来了人生最宝贵的财富之一——与佐仓运动员俱乐部的小出义雄教练维持至今的师徒关系。

　　在我作为职业拳击手出道的 1980 年前后，正是家用电视急速普及的时候。那些以前只能在杂志上看到的憧憬中的顶级拳击手，也可以从电视上观看他们的比赛了。

　　然后从他们独特的技术和体力值中找到新的兴趣点，从而继续研究变强的方法。

　　在我还是现役选手时，曾因为各种原因持续十余年未参加比赛，但在那些日子里我找到了变强的方法，使如今成为拳击教练的我大受裨益。

　　而我独创的训练法也基本都是那时候设计或构思的。

　　在那个只能自学，连"窃取"指导技术都做不到的环境里，让我得以成长的无疑是那些与我一路走来的选手们。

当下 UFC、K-1 等搏击比赛、综合格斗比赛十分盛行，而在这些比赛中占据着重要位置的拳击技术也更受期待。

本书所探讨的要点——怎么打出强有力的拳头，在至今为止的拳击入门书中尚未出现过。我相信搏击、综合格斗选手，乃至普通读者都会对此很感兴趣。

作为教练还很青涩的我，以这样的形式出书着实有点不自量力，但我有幸获得了《棒球》杂志社的朝冈秀树先生和记者中村拓己先生的鼎力支持，得以成功地将自己至今为止的所做所想编撰成书。

不管是拳击选手还是必须练习拳击技术的运动员，抑或只是为了消解压力、增强体力的朋友，我都真诚地希望本书能为您提供些许参考。

也欢迎大家对我的拳击训练法提出宝贵的意见和建议，对我来说这便是无上的快乐。

2010年初夏

野木丈司

江藤大喜
实战演示人员
隶属白井·具志坚运动俱乐部

江藤光喜
实战演示人员
隶属白井·具志坚运动俱乐部

野木丈司

作者简介　1960年出身于日本千叶县。白井·具志坚运动俱乐部教练。高中时期曾在千叶县大会5000米长跑中获胜。高中毕业后成为职业拳击手，取得了三战三胜的好成绩。退役后转职成为教练，先后培养了内藤大助、江藤光喜、嘉阳宗嗣、河合丈矢以及来家惠美子、山口直子、菊地奈奈子、角田纪子等知名拳击选手，此外还有拳击以外的格斗家宇野薰、铃木隼人、乡野聪宽、所英男、深津飞成、藤田和之、藤井惠、弘中邦佳等知名选手。

p.146~155、p.172~173的内容改编自格斗技通信2007年8月8日刊以及杂志《We Love Technique Vol.1》中刊载的报道，实战演示主要由嘉阳宗嗣完成。

图书在版编目（CIP）数据

拳击运动入门教程：图解版／（日）野木丈司著；
姜先钧译. -- 北京：人民邮电出版社，2018.7
ISBN 978-7-115-48578-6

Ⅰ．①拳… Ⅱ．①野… ②姜… Ⅲ．①拳击—图解
Ⅳ．①G886.1-64

中国版本图书馆CIP数据核字(2018)第114062号

免责声明

作者和出版商都已尽可能确保本书技术上的准确性以及合理性，并特别声明，不会承担由于使用本
出版物中的材料而遭受的任何损伤所直接或间接产生的与个人或团体相关的一切责任、损失或风险。

内 容 提 要

本书是日本专业拳击教练精心撰写的拳击运动入门教程，书中总结了作者作为运动员及教练多
年来关于拳击训练的经验。全书分为四部分，从增强打击力量着手，以图文的形式对步法、拳法等
拳击的基础知识以及提高击中率的各种技巧进行了详解，并给出了多种针对拳击运动的训练方法。
不论是拳击选手、拳击教练，还是对拳击技术感兴趣的人，抑或只是为了缓解压力、增强体能的人，
都能够从书中受益。

◆ 著　　　[日] 野木丈司
　 译　　　姜先钧
　 责任编辑　寇佳音
　 责任印制　周昇亮

◆ 人民邮电出版社出版发行　　北京市丰台区成寿寺路 11 号
　 邮编　100164　　电子邮件　315@ptpress.com.cn
　 网址　http://www.ptpress.com.cn
　 北京天宇星印刷厂印刷

◆ 开本：700×1000　1/16　　　彩插：1
　 印张：11　　　　　　　　　2018 年 7 月第 1 版
　 字数：166 千字　　　　　　2025 年 9 月北京第 36 次印刷

著作权合同登记号　图字：01-2017-7164 号

定价：58.00 元

读者服务热线：(010)81055296　印装质量热线：(010)81055316
反盗版热线：(010)81055315